Tiziana Della Tommasa

LEX HEX
MAGIE IM ALLTAG

Über die Autorin

Tiziana Della Tommasa, geboren 1961 in Zürich, ist Astrologin und Lebensberaterin mit dem Schwerpunkt Systemaufstellen. Sie ist Begründerin von ASTRO-SYSTEMIX©, einer hocheffizienten Kombination von Astrologie und Systemaufstellen. Zudem integriert sie mit grossem Erfolg Rituale in ihr Coaching. „LEX HEX", Magie im Alltag, ist eine Fortsetzung und Er-weiterung ihres erfolgreichen Werks „Rituale im Alltag".

Copyright © 2015 Tiziana Della Tommasa
Alle Rechte bei der Autorin. Alle Rechte, insbesondere das Recht der Vervielfältigung und Verbreitung sowie der Übersetzung, vorbehalten. Kein Teil des Werkes darf in irgendeiner Form (durch Fotokopie, Mikrofilm, elektronische oder andere Verfahren) ohne schriftliche Genehmigung der Autorin, reproduziert oder unter Verwendung elektronischer oder sonstiger Systeme gespeichert, verarbeitet, vervielfältigt oder verbreitet werden.

1. Auflage 2015
Lektorat: Yves Patak
Buchproduktion: Christian Wittwer, info@culture-nature.com
Abbildungen: Die Illustrationen in diesem Buch stammen aus dem persönlichen Hexenbuch der Autorin.

Herstellung & Verlag
BoD - Books on Demand, Norderstedt
ISBN: 9-783734-757174

Danksagung

Ein grosser Dank meiner „ergänzenden Hälfte", dem Arzt und Schriftsteller Yves Patak, für seine Geduld und Feinfühligkeit, meine Bücher aus dem Intuitiv-Hexischen ins klassische Deutsch zu übersetzen.

Lex (Latein): das Gesetz
Hex (Englisch): Zauber oder Fluch
Hex (gemäss Tiziana): eine liebevolle, moderne Hexe

Inhaltsverzeichnis

Vorwort	9
Der Glaube	14
Die Ketten sprengen	16
Zufriedenheit - die höchste Frequenz	22
Hexen - ein polarisierender Begriff	24
Hexens Arbeitsplatz	28
Der Schutzkreis	31
Hexenmagie im Alltag	37
Huna & Ho'oponopono	40
Power-Beten & Heil-Beten	46
Magie	49
Hexensymbole	51
Das Buch der Schatten	57
Magische Tage	58
Hexen-Feiertage	60
Die Monatsnamen & ihre Energie	75
Die Wochentage & ihre Entsprechung	77
Hexeneinmaleins	78
Magische Zahlen	79
Kerzenfarben & ihre Bedeutung	81
Rituelle Öle	83
Ja oder Nein	85
Das Steinorakel	86
Rund ums Geld	89
Lottorituale	98
Zwölf kurze Geldrituale	103
Beruf & Arbeit	115
Liebesrituale	119
Aphrodites kleine Geheimnisse	129
Glücksrituale	130
Schutzrituale	138

Wunschrituale	141
Befreiungsrituale	143
Das Orakel befragen	149
Amulett und Talisman	152
Die Bedeutung von Namen	165
Die Kraft der Zahlen	167
Hexens kleine Kräuterküche	171
Reinigungsrituale	179
Die Energie der Finger	183
Krafttiere	186
Zeichenrituale	188
Schlusswort	193

Vorwort

Hexenkunst ist keine Zauberei, sondern eine Lebenshaltung. In jedem von uns steckt eine Portion „Hexenkraft", die geweckt und gelebt werden kann – und dies meistens auch möchte. Das Hexen besteht aus angewandten universellen Prinzipien, die Uneingeweihte oft als magisch empfinden. Diese Prinzipien gehören allerdings genauso zum Menschen wie die Natur und Mutter Erde. Wir haben erst gerade die Schwelle zum dritten Jahrtausend überschritten, und viele von uns verspüren das Bedürfnis, sich wieder vermehrt mit den unsichtbaren (aber sehr wohl fühlbaren) Energien der Welt zu beschäftigen statt mit Smartphones, HD-Fernsehern und globalen Krisen.

Der Mensch ist rastlos geworden und sehnt sich (oft unbewusst) nach dem Gefühl der Verbundenheit mit sich und dem Rundherum. Wir sind wie Tropfen, die über den langen Fluss des Lebens wieder ins Meer finden möchten. Hexen - und der Begriff schliesst in diesem Buch Frauen und Männer gleichermassen ein - haben dies schon lange erkannt und erleben deshalb eine wahre Renaissance. Nach einer Zeit der Moderne mit atemberaubenden technischen Fortschritten erkennen viele, dass auch die grössten menschlichen Wunderwerke und Erfindungen uns nicht nachhaltig glücklich machen – und dass wir unsere natürliche Macht für viel spannendere, tiefgründigere Dinge nutzen können.

Das *„magische Wissen"*, von dem in diesem Buch die Rede ist, soll uns helfen, uns daran zu erinnern, wie wir mit uralten kosmischen Energien und Gesetzmässigkeiten zu einem erfüllten Leben finden.

Jeder von uns hat eine ‚magische Begabung'. Dies erkenne ich in meinen täglichen Beratungen klar und deutlich, und so drängte sich mir dieses Buch förmlich auf, quasi als Erweiterung und Ergänzung zu meinem letzten Werk „*Rituale im Alltag*".

Wir alle tragen die Weisheiten der Naturgesetze in uns – sind wir doch ein Teil des Ganzen. Jeder kann diese Gesetzmässigkeiten anwenden, sobald er erkennt, was ihn davon abhält. Die zwei Haupthürden sind *Zweifel* und *Ablenkung*.

Die moderne Welt erzieht uns zum kritischen Denken, wobei die Grenze zwischen kritisch, skeptisch und destruktiv ziemlich verschwommen ist. Unglaube wird schon beinahe als Zeichen von Intelligenz interpretiert, jeder Glaube an unsichtbare Dinge wie „Energien" als esoterisch (und dies stets im negativen Sinn) abgestempelt. Zudem ist unsere Welt voller verlockender Ablenkungen, und ich bin die Letzte, die den Moralapostel spielen möchte – aber ich verfechte das Prinzip von *„alles in Massen"*. Neben der Aussenwelt gibt es noch andere Welten, Universen, die wir erst gerade zu entdecken beginnen. Universen, von denen die Weisen der letzten Jahrtausende bereits berichteten, während die modernen Menschen der High-End-Technologie alles tun, um dieses Wissen wegzurationalisieren. Dabei gilt weiterhin ein wichtiges Gesetz: *„Absence of evidence is not evidence of absence!"* Zu Deutsch: Die Abwesenheit von Beweisen ist kein Beweis für das Nichtexistieren einer bestimmten Sache.

Dieses Buch richtet sich also an offene Geister! Darüber, wie wir mit diesen uralten Energien in Kontakt treten, sie für uns nutzen, ohne zu manipulieren oder etwas aus dem Gleichgewicht zu bringen, darüber berichtete ich bereits in „Rituale im Alltag". Wir haben gelernt, dass unsere Gefühle mehr als „nur

Gefühle" sind, sondern eine Macht, die Berge versetzen kann, die uns hilft, unsere Ziele zu erkennen und zu erreichen. Wir haben erkannt, dass wir die Meister unseres Lebens sind.

In diesem Buch werden wir noch tiefer gehen. Es soll eine inspirierende Lebenshaltung vermitteln, die jeder problemlos in den Alltag integrieren kann.
Weise Menschen – zu denen die Hexen gehören – leben dieses Wissen seit Alters her. Hexen – die „guten", natürlich! – sind unsere besten Vorbilder, denn sie sind diesem naturverbundenen Denken über Jahrhunderte treu geblieben. Praktisch, ohne um ihr Wissen viel Wirbel zu machen, leben sie ihre Magie im Alltag. Sie nennen diese allerdings nicht Magie oder Zauber, und sie sprechen auch nicht laufend über Spiritualität und Glaube, sondern leben einfach mit der Natur Hand in Hand, sind eins mit ihr.

Für wahre Hexen ist Magie das Leben selbst!

Diese beginnt in erster Linie bei der Eigenverantwortung. Wir können nicht oft genug daran erinnert werden, wie wichtig unser Denken und unser Handeln im Alltag sind, und wie wir damit unser Leben selber gestalten. Es geht darum, Selbstverantwortung zu übernehmen und Dinge zu ändern, wenn sie nicht dem entsprechen, was uns glücklich macht. Natürlich kann hierzu die Hexen-Magie viel beitragen, aber vieles beginnt dennoch bei unserer Bewusstwerdung: *Wo stehen wir im Leben? Sind wir glücklich?* Denn glücklich sein wollen wir alle, ganz egal, was unsere Ideologie sein mag. Es genügt also nicht, ein bisschen zu hexen und dann ist die Welt wieder in Ordnung: auch bei den weisen Frauen geht es immer und stets um das Einüben einer guten und positiven Grundhaltung zum Leben und vor allem darum, die Dinge anzupacken: *mental und physisch.*

Drei Grundenergien, in denen die Menschen sich bewegen

Untere Energiestufe: Wir sind völlig unzufrieden (Beruf, Partnerschaft oder allgemein), stecken aber völlig in der Resignation. Wir sind ein Opfer des Lebens und jammern uns durch die Tage. Unsere Batterie ist praktisch schon leer, wir warten auf die grosse Panne, den Absturz, damit sich endlich etwas ändert. In dieser Energie stehen wir kurz vor Kündigungen, der Trennung oder dem Zusammenbruch.

Mittlere Energiestufe: Wir dümpeln im lauwarmen Bereich, sind weder wirklich zufrieden noch total unglücklich. Der Leidensdruck ist zu gering, um wirklich etwas zu verändern, denn *„es könnte ja schlimmer sein."* Freude und Motivation sind jedoch zu gering, die Batterie erschöpft sich langsam, zermürbend. In dieser Energie stecken die meisten Menschen und werden so über die Jahre ganz allmählich krank, depressiv oder neigen zum Burnout.

Obere Energiestufe: Wir sind voll im Flow! Wir haben Spass und empfinden Freude an den Dingen, die wir tun, wir lieben unsere Partner, unsere Mitmenschen und unseren Beruf *(der wahrscheinlich sogar eine Berufung ist)*. Wir haben Power und die Batterien bleiben voll, wir segeln mit einem Lächeln durchs Leben und sind glücklich.

Wenn uns etwas im Leben oder eine Situation darin nicht gefällt, gilt somit folgende Grundregel:

Change it, leave it or love it
zu Deutsch: ändere es, verlasse es oder liebe es

Jammern nützt nichts. Nur Selbstehrlichkeit und Selbsterkenntnis zeigen uns auf, ob wir im mittleren Energieniveau vor uns her treiben und auf ein Wunder warten. Dieses Wunder kommt nicht. Nicht von alleine. Wir müssen aktiv werden, etwas verändern. *Mental oder physisch.* Wer dies nicht tut, bekommt bald Zeichen: Zuerst diskret, dann einen Wink mit dem Zaunpfahl, dann die Ohrfeige.

Diese Zeichen sind Unzufriedenheit, Müdigkeit, Depressionen, Krankheiten, Unfälle. Wenn wir diese Zeichen alle als „Zufälle" abtun, sägen wir am eigenen Ast, bis wir abstürzen. Wir weisen Hexen warten also nicht ab, bis das Leben uns einen Tritt gibt, sondern wir betrachten die eigene Lebenssituation sofort von näherem.

Wie gehen wir dabei vor?
Wir schreiben alle unsere Themen auf einen Zettel und machen uns bei jedem Thema bewusst, in welcher Stufe wir uns befinden, ob wir es verändern oder beenden sollten – oder ob wir es zu lieben lernen könnten. Nützlich ist es, auch gleich ein Datum dazu zu schreiben, bis wann die Veränderung geschehen soll. Mit einer solchen Liste haben wir den ersten Schritt bereits getan, und die nächsten folgen fast von alleine. Erst an diesem Punkt sind wir bereit, mit etwas Hexenmagie auch optimale Erfolge zu erzielen.

Der Glaube

Stürzen wir uns gleich auf eines der Hauptthemen, die eine Hürde, die 99% der Interessierten scheitern lässt: *der Glaube.* Der Glaube ist das A und O der Magie und Hexerei, der Drehknopf, der uns auf die richtige Frequenz einstellt. Warum Frequenz? Weil gemäss der modernen Quantenphysik alles Energie ist, und Energie ist stets frequenzabhängig.
Wir müssen also glauben. Doch wie kann man an etwas glauben, wenn man gelernt hat, dass etwas eitles Wunschdenken ist, „*reine Esoterik*" oder einfach Humbug?

Die Antwort ist überraschend: *Glaube ist Übungssache!*

Jeder kennt die Technik des Parkplatz-Herbeizauberns, und bei fast jedem, der es probiert, gelingt es. Warum wohl? *Weil es nicht so wichtig ist, falls es mal nicht funktioniert!* Gerade dadurch bekommt das Ritual der Parkplatzsuche eine gewisse Leichtigkeit, es fällt uns leicht, an etwas zu glauben, das ja „*theoretisch geschehen könnte.*"

Viel schwieriger wird es schon beim Lottogewinn oder bei der grossen Liebe. Sobald wir uns an solche Themen heranwagen, meldet sich der Verstand mit seinen Zweifeln und Statistiken – dabei gilt auch für Hexen das alte Sprichwort: „*Traue keiner Statistik, die du nicht selbst gefälscht hast*".

Nun, sobald sich der Verstand mit seinem Wenn-und-Aber-Plädoyer meldet, krebst der Glaube zurück. Der Verstand ist nämlich laut und dominant, duldet keinen Widerspruch, während der Glaube nur in der entspannten Stille gedeiht, still und demütig. Dies führt dazu, dass der Verstand einen Gegenglauben aktiviert, einen sehr starken Glauben, nämlich den, dass es *„nicht funktionieren wird oder kann!"* – und schon ist es geschehen: Der Erfolg bleibt weg, und der Verstand hat für das nächste innere Streitgespräch unheimlich gute, überzeugende Karten in der Hand: *„Siehst du, schon das letzte Mal hat deine Naivität zu nichts geführt!"*

Doch wir lassen uns nicht entmutigen. Denn wir sind Profis, und Hexen sind beharrlich! Wir kennen die *„Rituale im Alltag"*, wir haben bereits Parkplätze, kleinere Geldbeträge, erwünschte Besuche und Liebeleien herbeigezaubert und nun tasten wir uns an die grossen Dinge heran!

In diesem Buch werden wir nicht nur mit neuen Utensilien arbeiten, sondern mit dem gestärkten Glauben, dass Glaube Übungssache ist – und wir die Ketten unserer alten Denk- und Glaubensmuster sprengen können!

Die Ketten sprengen

Mit dem magischen Denken und Glauben ist es also wie mit dem Sport: wir müssen es täglich üben, damit es Früchte trägt. Um zu üben, braucht es Disziplin, vor allem aber auch Erfolgserlebnisse. Und von denen wird es viele geben.
Mit der Zeit wird das neue Denken und Fühlen zu einer solchen Selbstverständlichkeit, dass es nicht mehr notwendig sein wird, sich für ein Ritual hinzusetzen und es durchzuführen, sondern wir *leben* die Magie im Alltag. Das Interessante dabei ist: es wird immer weniger *Wünsche* geben! Wünsche stehen für Dinge, die wir *nicht* haben. Sie reflektieren also immer ein Manko. Wenn wir *sind*, haben wir keine Wünsche mehr, sondern sind wunschlos glücklich, denn die Dinge, die wir brauchen könnten, geschehen einfach – wie zufällig.

Wir lernen Schritt für Schritt, unsere Ziele samt den passenden Gefühlen zu visualisieren, zu spüren, als hätten wir sie bereits erreicht. Wir lernen zu fühlen, dass alles wie selbstverständlich geschieht, ohne Zweifel, ohne Grübeln. Und so entsteht Magie.
Richten wir unseren Blick darauf, was uns von diesem herrlich leichten, glücklichen Leben abhält. Wo sind die Ketten, die uns zurückhalten?
Da wäre – wie oben bereits erwähnt – der Zweifel. Stellen wir uns einen Tiger in der Wildnis vor, ein Tiger, der soeben eine leckere Hirschkuh erspäht hat. Er sieht die Beute, das Wasser läuft ihm im Mund zusammen, seine Muskeln sind angespannt und sprungbereit... und plötzlich überkommen ihn Zweifel.

Erwische ich die Hirschkuh wohl? Hmm, die sieht ganz schön schnell aus! Könnte schwierig werden. Was, wenn sie einen Haken schlägt, mich austrickst, bis ich müde bin? *Vielleicht sollte ich es lieber sein lassen, ein älteres Beutetier suchen... ist dann zwar zäh, aber wenigstens kriege ich es.*

So ein Szenario wäre zum Schmunzeln, wenn es nicht genau unser menschliches Denken widerspiegeln würde. Natürlich liegen einem wahren Tiger solche Gedanken fern. Er weiss, dass er schneller und stärker als die Hirschkuh ist. Er weiss, dass er sie kriegt. Er *glaubt*. Ohne diesen Glauben, diese innere Überzeugung, würde er nicht lange überleben.

In diesem Buch lernen wir, wie der Tiger zu glauben, zu wissen, dass man sein Ziel erreicht – bis es genau so geschieht. Sich etwas wünschen, dass man nicht hat, setzt unsere Energie auf eine niedrige Manko-Frequenz – eine Frequenz, die uns bremst. Das Bewusstsein des Nicht-Habens zieht – gemäss dem Gesetz der Resonanz – genau das an, was wir aussenden: das Nicht-Haben. Den Mangel.

Zur Erinnerung: Das Gesetz der Resonanz *(Lateinisch: resonare = zurückklingen) ist das Gesetz des Gleich-Schwingens: Gleiches zieht Gleiches an und wird durch Gleiches verstärkt. Ungleiches stößt sich gegenseitig ab.*

Dies ist eines der grossen Gesetze des Universums: das Leben gibt uns stets Recht – das heisst, es widerspiegelt unser Denken und unseren Glauben. Glauben, etwas nicht zu bekommen, bringt also Mangel. Glauben, dass man etwas bereits hat, bringt Fülle.

„Ob du glaubst, du schaffst es,
oder ob du glaubst du schaffst es nicht –
du wirst vom Leben immer recht bekommen!"

Hier entdecken wir eine nächste Hürde: der *Zweifel,* das Nicht-Glauben oder der Glaube an Unerfreuliches fällt den meisten Menschen leichter als der Glaube an Fülle und Freude. So fristen die meisten Menschen ein Dasein, das sich anfühlt, als sässe man in einem Wartezimmer, ohne genau zu wissen, auf was man wartet, hoffend, dass es nicht allzu schlimm ist.

Eine weitere Hürde – vor allem für den modernen westlichen Menschen – ist das Angebot: es gibt eine Überfülle an Dingen und Möglichkeiten, und trotzdem können wir – schon aus Zeitgründen – nur einen Bruchteil davon nutzen. Dies wiederum verstärkt bei den meisten Menschen das Gefühl, etwas zu verpassen – und somit die Mangel-Frequenz.

Ein weiterer magischer Spruch, der diesem entgegenwirkt, und den man täglich einmal laut aussprechen sollte, ist:

Ich entscheide mich!

Indem wir uns für eine bestimmte Sache entscheiden, richten wir unsere Aufmerksamkeit (und Energie) weg von all den Dingen, die wir *„nicht haben können".*
Früher war das Leben diesbezüglich leichter. Nehmen wir als Beispiel die Berufswahl. Als wir noch in Höhlen lebten, gab es nur einen Beruf: Überleben. Später, zum Beispiel im Mittelalter, war es normal, den Beruf des Vaters zu übernehmen, während die Frauen Kinder zu kriegen und aufzuziehen hatten. Doch heute stehen wir einem Angebot von tausend Berufen gegenüber, was erschwert wird durch ein unsichtbares Gesetz der Moderne: *„Ich darf mich nicht nur verwirklichen, ich muss mich verwirklichen!"*

Wir müssen glücklich sein, reich, schön, erfolgreich, beliebt, sportlich, cool, modisch, klug, gebildet, was zu einem kaum erträglichen Druck führt, einem Druck, der so ziemlich das Gegenteil von dem bringt, was das Hexenleben darstellt – denn Hexen leben in Harmonie mit dem Hier und Jetzt.
Es gibt tausend Menschen, die wir lieben könnten, aber nur einen, den wir *jetzt* lieben können. Tausend Häuser, die wir kaufen könnten, aber wir können nur in einem leben. Tausend Berufe, aber nur einen, dem wir heute nachgehen können. Das Angebot ist auf allen Ebenen so gross, dass wir auf mehr verzichten müssen, als dass wir leben oder geniessen können.

Entscheiden heisst, sich befreien.

Wir werfen den Ballast der unzähligen Möglichkeiten über Bord und widmen uns der *einen Sache* – im Vertrauen, dass sie jetzt gerade die richtige Sache ist. Ganz egal, ob wir uns später etwas Neuem zuwenden. Wir entscheiden uns, ohne jemals etwas zu bereuen!

Das Dilemma der Entscheidung wird zusätzlich erschwert durch die Tatsache, dass wir uns heutzutage auch ohne Geld so ziemlich alles kaufen könnten: Banken und Kreditinstitute werfen uns Geld und Kreditkarten ja förmlich hinterher. So verfallen vor allem junge Menschen der Illusion, dass wir im Schlaraffenland leben, für unseren Luxus nichts leisten müssen – doch die Rechnung folgt auf dem Fusse, und was bleibt, ist oft ein Schuldenberg, den der Schuldner nie mehr abtragen kann. Ein Berg, der so elend schwer wiegt, dass das Leben und all die Dinge, die man sich (verfrüht) gegönnt hat, überhaupt keinen Spass mehr machen.

Man beachte den Teufelskreis: Zuerst dümpeln wir im Gefühl, uns etwas nicht leisten zu können, weil wir kein Geld haben. Manko-Energie. Dann kaufen wir uns etwas auf Kredit, versumpfen im Schuldenberg, der Stimmungspegel sinkt, und wir merken, dass wir uns nun gar nichts mehr leisten können, weil wir bis zum Hals verschuldet sind.

Die Manko-Energie ist nun voll aktiv, wir strahlen genau jene Mangel-Frequenz aus, die wir doch dringendst vermeiden wollten – und kommen so bald vom Regen in die Traufe.

Wichtig: All diese Gedanken wollen nicht aussagen, dass Materie per se schlecht ist. Was uns jedoch bewusst sein sollte, ist alles, was Materie nicht kann. So sagen schon alte *chinesische Weisheiten:*

Du kannst ein Haus kaufen, aber nicht ein Heim
Du kannst ein Bett kaufen, aber nicht den Schlaf
Du kannst dir eine Uhr kaufen, aber nicht die Zeit
Du kannst ein Buch kaufen, aber nicht das Wissen
Du kannst den Arzt bezahlen, aber keine Gesundheit kaufen
Du kannst einen Menschen kaufen, aber nicht die Liebe

Alte Weisheiten entwickeln sich im Internet-Zeitalter zu heimlichen Rennern, weil uns bewusst wird, wie viel Potential in ihnen steckt, wenn man sie versteht und beherzigt. Man liest sie auf Facebook, Twitter und in Emails. Schaut man genau hin, beinhalten viele dieser Weisheiten Anleitungen zu kraftvollen Ritualen.

Als Beispiel diene hier eine alte *chinesische Redensart,* eines meiner *Lieblings- Sprichwörter:*

Achte auf Deine Gedanken, denn sie werden zu Worten
Achte auf Deine Worte, denn sie werden zu Handlungen
Achte auf Deine Handlungen, denn sie werden zu Gewohnheiten
Achte auf Deine Gewohnheiten, denn sie werden Dein Charakter
Achte auf Deinen Charakter, denn er wird Dein Schicksal

In diesen fünf Sätzen erkennen wir die ganze Lebensweisheit. Weisheit und Magie steckt überall – wie erwähnt auch in uralten Sprüchen und Zitaten. Was den grossen Unterschied ausmacht, ist, ob man gemäss Social Media-Knigge alles so schnell wie möglich weiterposted oder sich einen Moment Zeit nimmt, die Weisheiten zu verstehen, zu verinnerlichen.

Hier liegt eine der grössten ‚magischen' Einsichten: sich Zeit zu nehmen für etwas Wesentliches hilft uns, die Ketten des normalen Alltagdenkens zu sprengen – und unser Gehirn, unsere Seele in eine neue Frequenz zu bringen.

Zufriedenheit – die höchste Frequenz

Zufriedenheit ist wie eine freundliche, warme Flamme, die jederzeit zum Feuer der Begeisterung wachsen kann. Zufriedenheit ist eine ideale Grundfrequenz für Hexerei und magische Rituale, weil wir uns ohne Zweifel und Blockaden in etwas hineinfühlen können – z.B. in das Gefühl, etwas erreicht zu haben, auch wenn es noch nicht der Fall ist. Wie wir wissen, ist dies das einfache Grundgesetz der Resonanz: sobald wir uns in der Fülle fühlen, kommt sie von alleine. Fühlen aber kennt keine Zukunft – es kann nur im Jetzt gefühlt werden. Deshalb lautet die Grunddevise der angehenden Hexe:

Wir sind, wir haben, wir wissen.

Wir sind nicht unsere Gedanken, wir sind auch nicht unser Körper, sondern wir **sind** reine Energie. Und genau mit dieser Energie bestimmen wir unser Schicksal. Jedes Gegenargument ist reine Spekulation, denn wer negativ denkt, wird Negatives anziehen – und sich in seinem negativen Weltbild bestätigt finden. Dieses Prinzip beobachtet die aufmerksame Hexe seit Menschengedenken. Solange wir Ausreden und Schuldige in unserem Leben haben, verändern wir nichts an unserem eigenen Denken und Verhalten. Sobald wir die Ausreden aber weglassen und bei uns selber die Ursache suchen, ändern wir unser ganzes Leben. *„Während du Ausreden suchtest, warum es nicht funktioniert, hättest du auch Massnahmen ergreifen können, damit es funktioniert!"*

Tauchen wir also ein in die Magie des Alltags. Womit beginnen wir? Damit, uns geistig frei zu machen, damit unsere magischen Gedanken nicht durch Sorgen und Nöte gebremst werden. Dazu eine alte chinesische Geschichte:

Ein spiritueller Lehrer steht vor seine Schüler und hält ein Wasserglas hoch. Die Schüler erwarten die typische Frage zum halbvollen und halbleeren Glas, doch stattdessen fragt der Lehrer, wie schwer das Glas sei.

Die Antworten pendeln sich zwischen 200g bis 500g ein. Nun spricht der Lehrer: „Das absolute Gewicht spielt keine Rolle. Es hängt davon ab, wie lange ich das Glas halten muss. Halte ich es für eine Minute, ist es kein Problem. Wenn ich es für eine Stunde halten muss, werde ich einen leichten Schmerz im Arm verspüren. Muss ich es einen ganzen Tag lang halten, wäre mein Arm taub und gelähmt. Das Gewicht des Glases ändert sich nicht, aber je länger ich es halte, desto schwerer wird es."

Die Schüler hören zu und nicken.

Der Lehrer fährt fort: „Stress und Sorgen sind wie dieses Glas. Denkt eine kurze Zeit über sie nach, und sie werden keine Spuren hinterlassen. Denkt etwas länger über sie nach, und sie werden euch verletzen. Denkt Tag und Nacht über sie nach, und sie werden euch lähmen. Merkt euch also: Stress und Sorgen soll man auch einmal beiseiteschieben. Tragt sie nicht ständig mit euch herum. Denkt daran, das Glas einfach mal abzusetzen!"

Hexen – ein polarisierender Begriff

Was sind Hexen überhaupt?
Hier fängt das Problem schon an. Es gibt haufenweise Definitionen, alte Sagen und Legenden, Spekulationen und Interpretationen. Spricht man von Hexe, denkt man oft an bucklige alte Frauen mit Warzen auf der Nase und einem Raben auf der Schulter. Spricht man hingegen von *Wicca*, erscheint oft das Bild einer aufgeklärten jungen Frau, die weiss, was sie will und sich nicht von gesellschaftlichen Zwängen und Erwartungen unterdrücken lässt.

Woher stammen solch auseinanderweichende, zum Teil klischeeartige Vorstellungen? Wahrscheinlich aus der Tatsache, dass Hexen kaum definierbar sind. Es ist eine Tatsache, dass der Mensch schon immer nach Macht dürstete. Im Mittelalter gab es (wie wohl schon immer) auch weise Frauen und Männer, die durch ihr Wissen von alleine eine gewisse Autorität und Macht hatten. Die Kirche mochte schon damals keine Konkurrenz, und so waren ihr solche weise Frauen und Männer schon bald ein Dorn im Auge – Frauen noch mehr als Männer, obwohl auch viele Männer der Kirche durch Folter und Feuertod zum Opfer fielen.

Im frühen Mittelalter versuchte die Kirche, alle „Hexen" ausrotten zu lassen. Was musste man denn tun, um als Hexe zu gelten? Meistens gar nichts. Oft reichte der Verdacht, die Aussage einer gehässigen Nachbarin, die eigene Schönheit, rote Haare, ein Wissen um heilende Prozeduren und Kräuter, eine ablehnende Haltung der fanatischen und oft unmenschlichen Kirche gegenüber… das Leben vieler Menschen hing stets an einem seidenen Faden. Historiker schätzen, dass im Mittelalter über zwei Millionen Menschen von Hexenjägern und der heiligen Inquisition umgebracht wurden – die meisten von ihnen weise Frauen, Hebammen und Heilerinnen. Erst 1953 hob die englische Regierung das letzte Gesetz gegen die Hexerei auf.

Menschen fürchten, was sie nicht verstehen – und davon hat die Hexe viel zu bieten. Was ist die Quintessenz der Hexengeschichte? Jede „Hexe" darf sich heute selbst definieren, ohne sich vor dem Scheiterhaufen fürchten zu müssen.

Grundsätzliche Charakteristika einer Hexe

- Eine starke Verbundenheit mit der Natur, der Erde und dem Universum.
- Eine liebevolle Grundeinstellung.
- Ein Glaube an höhere Mächte & Energien, die mit ihr verbunden sind (respektive mit denen sie sich verbinden kann).
- Sie respektieren Gesetze – die spirituellen und die natürlichen mehr als die irdischen.
- Sie glauben an das Gesetz von Ursache und Wirkung und an das Gesetz der Resonanz.
- Sie achten alle Arten von Religionen und verurteilen keine Glaubensrichtung.
- Sie glauben an die Macht des Betens und deswegen gehört auch das (Heil-)Beten täglich zu ihren Ritualen.
- Sie glauben an die *eine* Kraft, die sich in unendlichen Facetten äussern kann.

Was Hexen nicht tun!

Hexen opfern und verletzen keine Lebewesen, denn zu ihnen gehört das Liebevolle und das Heilen, nicht das Zerstören.

Sie führen keine Rituale mit Menschen- oder Tierblut durch, Blut ist kein Thema!

Sie glauben nicht an den Teufel oder andere böse Mächte.

Sie haben für das Negative und Böse keine Benennungen, denn Namen würden das Böse bestätigen, ihm Leben einhauchen *„Male den Teufel nicht an die Wand!"*

Sie glauben nicht an die Hölle, denn sie wissen, dass jeder Mensch selbst für sein Denken und Handeln verantwortlich ist, – und sich damit selbst das Paradies oder die Hölle auf Erden beschert.

Sie schaden keinem und bestehlen niemanden, denn sie glauben an das Gesetz von Ursache und Wirkung.

Hexen veranstalten keine wüsten Orgien mit Teufeln und Dämonen: Sie leben die Sexualität in Sinnlichkeit und Liebe.

Nicht alle Hexen üben Magie aus, aber jede Hexe lebt die Magie, denn sie ist Bestandteil des Alltags.

Hexen machen keinen Liebes- oder sonstigen Zauber, um jemanden zusammen zu bringen oder zu trennen: Manipulation ist tabu!

Definieren sich Hexen mehr dadurch, was sie nicht tun?

Dies muss wohl jede Hexe für sich entdecken und entscheiden. Beim Auflisten all jener Dinge, die Hexen nicht tun, sticht ins Auge, wie viel auf dieser Welt nur herzlich wenig mit den Prinzipien der Liebe und des Vertrauens zu tun hat. Hexen missionieren nicht, gehen aber mit gutem Beispiel voran, diese Welt zu einem besseren Ort zu machen. Dabei sind die modernen Hexen nach aussen hin meistens ganz normale Menschen, ganz ohne Hexenhüte und Besen, die ihre naturverbundene und liebevolle Grundhaltung still für sich leben.

Mit ihrer positiven Art, in Harmonie mit Menschen, Tieren, der Natur und dem Universum zu leben, fallen sie zwar zuweilen auf, aber sie werden heute nicht mehr verfolgt, denn die Geheimnisse der Hexen sind heute kein wirkliches Geheimnis mehr, sondern für jedermann lern- und lebbar.
(Dieses Buch ist übrigens ein Beitrag dazu...)

Dass die alten Geheimnisse der Hexen heute offenbart werden, ist natürlich kein Zufall: es gehört zu unserem Zeitalter. Der Mensch entwickelt sich auch als Kollektiv geistig und seelisch weiter, und das *Wassermannszeitalter* verkörpert diese geistig-seelische Öffnung – was sich auch darin zeigt, wie wichtig das Thema Spiritualität in den letzten hundert Jahren geworden ist.

Für unseren Nachwuchs werden dies keine exotischen Themen mehr sein, denn sie tragen dieses Wissen schon in sich. Man beobachte, wie die heutigen Kinder schon früh sehr viel wissen, viel ahnen und viel *„sehen"*. Sie besitzen ein erweitertes Bewusstsein, das viele von uns immer wieder verblüfft. Noch werden sie *„speziell"*, zum Beispiel Indigo-, Kristall- oder Sternen-Kinder genannt, aber bald werden wir erkennen, dass sie nicht anderes benannt werden müssen oder sollen, sondern dass sie einfach unsere neue Generation sind. Die Kinder des Wassermannzeitalters.

Hexens Arbeitsplatz – der Altar

Hexen vollführen täglich Rituale – die einen ganz einfach im Kopf, manchmal sogar ganz nebenbei, die anderen bedürfen ihrer vollen Aufmerksamkeit, weil sie tiefer gehen und mehr bewirken sollen. Für diese Rituale besitzt jede Hexe, die etwas auf sich hält, einen Altar.

Der Altar steht im Idealfall in einem Raum, wo die Hexe ungestört arbeiten, sich mit den Kräften der Schöpfung verbinden und sich mit Herz und Seele auf das jeweilige Ritual einlassen kann. Wie die Hexe ihren Altar gestaltet, ist in erster Linie Geschmacksache und hängt natürlich auch von den vorhandenen Möglichkeiten ab. Wichtig ist, dass sie sich im Altarraum wirklich wohl fühlt. Ein Hexenaltar sollte wenn möglich nach Norden ausgerichtet sein. Je nach räumlichen Möglichkeiten kann der Altar fix sein oder muss stets aufgebaut und abgeräumt werden. Der Altar muss nicht gross sein, manchmal reicht schon die Grösse eines Servierbretts.

Eine Idee ist ein aufklappbarer Altar, den man sich zum Beispiel aus einer einfachen zusammenklappbaren Mappe selber basteln kann. Dieser ist im Büchergestell gut versorgt und immer schnell zur Hand, wenn man ihn braucht.

Was es für einen Altar braucht

Der Aufbau des Altars steht jeder Hexe grundsätzlich frei. Gewisse Elemente sollten jedoch nicht fehlen, so zum Beispiel die *Vier Elemente, also Feuer, Luft, Erde und Wasser.*

Feuer: *steht im Süden (des Altars), Symbol: Kerze oder ein Stab*
Luft: *steht im Osten, Symbol: Feder, Messer oder Räucherstäbchen*
Erde: *im Norden, Symbol: eine kleine Schale Salz oder einige Münzen*
Wasser: *steht im Westen, Symbol: ein Kelch voll Wasser*

In die Mitte des Altars gehört üblicherweise ein *Pentakel* oder *Pentagramm*, der fünfzackige Stern, der bei jedem Ritual als Schutz dient. Wichtig ist, dass der Stern nach oben zeigt, weil das umgekehrte Pentakel traditionelle mit schwarzer Magie assoziiert wird.

Um dem Altar Leben einzuhauchen, wird er oft mit Objekten verziert, die zur jeweiligen Saison passen, so zum Beispiel im Frühling mit frischen Blumen, im Sommer mit frischen Früchten, im Herbst mit Kastanien, Trauben oder Nüssen und im Winter mit Tannenzweigen, Tannzapfen. Bei jedem Ritual können natürlich individuell passende Gegenstände angebracht sein, wie z.B. Edelsteine, Schalen mit Kräutern, Federn oder Amulette.

In der folgenden Tabelle sind die verschiedenen Zusammengehörigkeiten aufgelistet, die der angehenden Hexe als Inspiration und Leitfaden für die Kreation ihres persönlichen Altars dienen mögen:

Bereich	Feuer	Luft	Erde	Wasser
Himmelsrichtung	Süden	Osten	Norden	Westen
Jahreszeit	Sommer	Frühling	Winter	Herbst
Tageszeit	Mittag	Morgen	Nacht	Abend
Magische Gegenstände	Stab / Kerze	Schwert / Dolch	Schale / Münze	Kelch
Geschlecht	Männlich	Männlich	Weiblich	Weiblich
Farben	Rot	Gelb	Grün	Blau
Planeten	Mars / Sonne	Merkur	Erde / Saturn	Venus / Mond
Sternzeichen	Widder Löwe Schütze	Zwilling Waage Wassermann	Stier Jungfrau Steinbock	Krebs Skorpion Fische
Bereich	Wille	Verstand	Materie	Gefühl
Tarot	Stäbe	Schwerter	Scheiben	Kelche
Pflanzen	Johanniskraut	Baldrian	Beinwell	Schafgarbe
Edelsteine	Rubin	Topas	Amethyst	Mondstein

Der Schutzkreis

Wie bereits erwähnt, entsteht die wahre Kraft der Magie durch unser Denken, Fühlen und Glauben. Diese Kraft wird vor jedem Ritual in einem Schutzkreis aufs stärkste konzentriert. Je erfahrener wir im Durchführen von Ritualen werden, desto stärker wird unsere Fähigkeit, sich auf die richtigen „Wellenlängen" einzustimmen, und desto beeindruckender werden unsere Resultate sein.

Der Ablauf von Ritualen
Hier beschreibe ich den detaillierten Ablauf eines Rituals, respektive die Rahmenbedingungen. Dieser Ablauf diene als „flexible Richtlinie" für alle anderen Rituale. Er kann nach Gutdünken abgekürzt oder verändert werden, hat sich jedoch für viele Rituale als sehr geeignet erwiesen.

Wenn bei den anderen Ritualen in diesem Buch vom Schutzkreis gesprochen wird, beinhaltet dies somit stets den ganzen im Folgenden beschriebenen Ablauf:

Vorbereitung
Viele Hexen nehmen vor einem grösseren Ritual ein Reinigungsbad. Dies mit dementsprechenden Ölen (*siehe Kapitel Rituelle Öle*), Pflanzen, Salzen oder geweihtem Wasser.

Drei wichtige Elemente bei jedem Ritual sind:
- *Die Tagesenergie (Mond- Jahreszeit-Qualität)*
- *Die Kraft der Elemente*
- *Der Zauber-Spruch*

Der Raum, in dem das Ritual stattfindet, sollte vor jedem Ritual ausgeräuchert werden. Salbei und Weihrauch eignen sich dazu. Auch draussen im Freien kann ein symbolischer Kreis gezogen und der Ritualbereich geräuchert werden. Wir begleiten die Reinigung (Räucherung) stets mental, erfüllen unseren Raum mit höchster positiver Energie und achten darauf, wie allfällige Negativenergien mit dem Rauch davonziehen.
Auch die rituellen Utensilien auf unserem Altar sollten regelmässig energetisch gereinigt werden. Das tun wir, in dem wir sie mit Wasser abwaschen und in die Räucher-Reinigung miteinbeziehen. Nun konzentrieren wir uns auf die *Symbole der vier Elemente* (Feuer, Luft, Erde und Wasser) und stellen sie - im Gegenuhrzeigersinn vorgehend - in ihre entsprechenden Richtungen. Damit bilden wir den magischen Schutzkreis.

Jedes einzelne Element halten wir einen Moment lang vor uns hin und laden mit Worten oder Gedanken deren Kraft in unseren Kreis ein. Wir bitten die Elemente, uns bei unserem Ritual zu beschützen und zu unterstützen. Mental stimmen wir uns darauf ein, dass der magische Kreis die Grenze zwischen der materiellen und geistigen Welt bilde. Wir bitten beide Welten, uns bei diesem Ritual zu unterstützen und uns vor unerwünschten Mächten und Energien zu schützen. Wir sitzen oder stehen in der Mitte dieses Kreises und verbinden uns geistig mit der höchsten Kraft. Diese mag für die einen Gott sein, Allah, das Universum oder die Urkraft - es gibt kein richtig oder falsch. Jeder verbindet sich individuell mit der Kraft, die ihm als die *„eine Kraft"* erscheint. Nun intensivieren wir die Verbindung mit den vier Elementen mit folgenden Worten:

„Element Feuer, ich segne dich und nehme gerne deine Kraft mit in dieses Ritual."
„Element Luft, ich danke dir für deine Kraft, mit der du mir bei diesem Ritual beistehst."
„Element Wasser, ich fühle und danke, dass du mich bei diesem Ritual mit deiner ganzen Kraft unterstützt."
„Element Erde, ich danke dir, dass du mir während des Rituals guten Halt gibst."

Die Formulierung kann individuell angepasst werden, solange sie uns hilft, uns mental auf das Ritual und die entsprechenden Gefühle zu fokussieren. Diese Anrufungen sollten mit der Zeit bei jedem Ritual gleich oder ähnlich ausgesprochen werden, wie ein **Gebet**, denn so werden sie in uns gespeichert, bekommen noch mehr Kraft. Energetisch sind wir nun soweit, dass wir uns dem Inhalt des Rituals - meist ist dies ein Wunsch - widmen können. Wie wir bereits gelernt haben, bündeln wir die Energie unseres Wunsches, konzentrieren uns auf dessen Gelingen, indem wir *„fühlen"* (glauben, denken), es sei bereits geschehen.

Einen sorgfältig vor dem Ritual ausgesuchten *Gegenstand*, der unseren Wunsch symbolisiert (zum Beispiel eine Münze für einen Geldwunsch), legen wir in die Mitte des Kreises. Wir konzentrieren uns nun auf diesen Gegenstand und lassen unsere mentale Energie richtig durch ihn hindurchfliessen. Wir visualisieren das erwünschte Ziel, umgeben von strahlend weissem Licht, und sagen:

„Reinigt, erneut und weiht das Bild meines Wunsches. Lasst es zu meiner Gegenwart werden, sich manifestieren. Lasst alles, was meinem Wunsch im Wege steht, sich nun auflösen - jetzt!"

Im Uhrzeigersinn schreiten wir nun mit unserem Symbol-Gegenstand in der Hand (Münze, Papierbogen, etc.) den Kreis langsam ab und sprechen dabei ein einfaches Hexengebet:

„Ich ändere alles, was es dazu braucht, ich tue alles, was es dazu braucht, es geschieht alles, was es dazu braucht. Was ich brauche verändert sich, was ich tue verändert sich, was geschieht, verändert sich. Alles dient meinem Wunsch und lässt ihn so in Erfüllung gehen. So sei es!"

Nun lege ich mein *Wunsch-Symbol* unter eines der vier Elemente in der Mitte des Kreises und sage: *„Sobald die Kerze brennt, erfüllt sich mein Wunsch."*

Die Kerze (= eines der vier Elemente) darf jetzt angezündet werden. Wir sammeln nochmals unsere Kräfte, konzentrieren uns auf die vier Elemente auf dem Altar, fühlen das Glück des erfüllten Wunsches in uns, so lang und intensiv, bis wir spüren: *„es ist vollbracht"*. Wir heben die Arme, die Handflächen nach oben, und geben unseren Wunsch ins Universum ab.

Wichtig: Von diesem Moment an machen wir uns keine Gedanken mehr, wie und wann sich der Wunsch manifestieren wird. Wir haben volles Vertrauen, dass dies im richtigen Moment, am richtigen Ort und zur richtigen Zeit sein wird. Nun lassen wir ein Gefühl des Sieges und der Dankbarkeit in uns entstehen und beenden das Ritual mit folgenden Worten:

„Kräfte des Universums, nehmt diesen meinen Wunsch entgegen und lasst ihn sich manifestieren. Segnet und schützt diese neue Energie in meinem Leben und zeigt mir den Weg auf, verantwortungsvoll damit umzugehen. Lasst alles, was es dazu braucht fliessen und alle astrologischen und kosmischen Konstellationen perfekt dafür abgestimmt sein. Möge meinen Wunsch auch meinem Umfeld nur Positives bringen. So sei es!"

In dieser Kraft fühlen wir, wie sich unsere Füsse fest mit dem Boden verwurzeln, wie ein mächtiger alter Baum, dessen Wurzeln sich tief in der Erde verankern, so fest, dass kein Sturm ihm etwas anhaben kann. Diese Wurzelkraft nehmen wir mit in den Alltag, sobald wir aus dem magischen Kreis austreten. Zum Abschluss danken wir all jenen Kräften, die uns unterstützen, und gehen dann wieder gegen den Uhrzeigersinn um den Schutzkreis. Mit offener Hand bündeln wir die Energie, die sich im Schutzkreis angesammelt hat, leiten diese in unserem Geiste in unsere Werkzeuge, in eine Kerze auf meinem Altar oder an das magische Orakel.

Wir danken den Kräften der Elemente, beginnend bei dem Element, mit welchem wir den Kreis geschlossen haben. Mit dem Element, mit dem ich den Kreis geöffnet habe, schliesse ich den Kreis als letztes ab. Wenn ich den Kreis im Gegenuhrzeigersinn geschlossen habe, so öffne ich ihn jetzt im Uhrzeigersinn, oder umgekehrt. Dann klopfen wir mit der rechten Hand auf den Boden mit den Worten: *„Der Kreis ist offen, in bester Energie. Ich stehe wieder draussen, geerdet und mit beiden Füssen fest auf dem Boden. So sei es!"*

Wie wir die Elemente anrufen und uns bei ihnen bedanken:

Element Luft: *„Wächter des Ostens, Geister der Luft, die ihr mir mit dem Atem klare Gedanken und kreative Ideen bringt, kommt in meinen Kreis, gebt mir euren Schutz und eure Kraft! Ich danke euch!"*

Element Feuer: *„Wächter des Südens, Geister des Feuers, dir ihr mir Licht, Mut und Wärme bringt, kommt in diesen Kreis und gewährt mir euren Schutz und eure Kraft! Ich danke euch!"*

Element Wasser: *„Wächter des Westens, Geister des Wassers, die ihr mir die tiefen Gefühle bringt, kommt in diesen Kreis, gewährt mir euren Schutz und eure Kraft! Ich danke euch!"*

Element Erde: *„Wächter des Nordens, Geister der Erde, die ihr mich nährt, mir Wurzeln und Sicherheit gebt, kommt in meinen Kreis, gewährt mir euren Schutz und eure Kraft! Ich danke euch!"*

Auch bei Ritualen gilt: *Qualität geht über Quantität.* Sobald wir uns unserer Kräfte bewusst werden, ergeben sich viele Möglichkeiten, bei den Ritualen auch zu improvisieren.
Die Grundmotivation ist und bleibt bei der weisen Hexe jedoch, ein besserer Mensch zu werden, alte Lasten loszulassen und sich spirituell weiterzuentwickeln.

HEXENMAGIE IM ALLTAG

Hexenmagie im Alltag heisst nichts anderes, als das Leben zu verstehen. Es mit den eigenen Sinnen wahrzunehmen, statt das zu leben, was uns anerzogen und eingetrichtert wurde. Begriffe wie Hexen und Magie lassen an Zauberer und Hexen denken, an Märchen und Sagen. Hexerei polarisiert, denn sie ist einerseits *fantastisch, aufregend, inspirierend* – andererseits bedrohlich und gefährlich. Schliesslich gibt es in den Märchen gute und böse Hexen.

Wenn ich mit einem Augenzwinkern von Hexerei und Hexenkunst spreche, so assoziere ich damit eine lebensbejahende Philosophie voller spiritueller Weisheit. Eine Lebenshaltung, die uns hilft, in Harmonie mit unseren Mitmenschen, der Natur und uns selbst zu leben.
Hexen gehen oft ihren eigenen Weg. Sie erfüllen nicht die Erwartungen anderer Menschen, leben nicht nach dem „ganz normalen täglichen Wahnsinn" der westlichen Konsumgesellschaft, sondern still und friedlich, im Einklang mit der Natur, bereit, Verantwortung für ihr Lebensumfeld zu übernehmen. Wie die meisten naturverbundenen Völker reden sie mit Steinen, Flüssen, Bäumen, den Windrichtungen und respektieren alles als eine Form des Göttlichen. Hexen brauchen *keine Kirchen oder besonderen Institutionen.* Sie zelebrieren ihre Rituale in ihrem eigenen Umfeld, zu Hause und in der freien Natur.

Rituale werden auf die natürlichen Zyklen der Natur, auf den Rhythmus des Lebens abgestimmt. Dies sind zum Beispiel die Mondphasen, die Jahreszeiten und die Himmelsrichtungen. Auch leben sie im Einklang mit dem grossen Ganzen, und gleichzeitig mit der *Dualität*. Sie respektieren das männliche und weibliche Prinzip als gleichwertig. Oben und unten, hell und dunkel – alles ist gleich wichtig, denn es braucht stets beide Seiten, um das Ganze zu bilden.

Hexen achten das Unsichtbare genauso wie das Sichtbare, achten auf ihre Gedanken und Gefühle, weil sie wissen, dass sich diese früher oder später manifestieren – in der sichtbaren Welt oder in den Emotionen.

Sie brauchen keine politischen oder ideologischen Führer, lassen sich nicht vorscheiben, was sie zu tun haben oder nicht – was dazu führen kann, dass sie schon in früher Kindheit zuweilen bei Autoritätspersonen anecken. Dennoch bleibt eigenständiges Denken und Handeln eines ihrer primären Ziele.

Hexen respektieren alle Arten von menschlichem Denken. Sie glauben weder an Himmel noch Hölle, sondern wissen, dass wir alles im Hier und Jetzt stets in uns selbst tragen und alles jederzeit wandelbar ist. Hexen sind spirituell im weitesten Sinn und nutzen ihre Magie ausschliesslich, um in Harmonie mit dem grossen Ganzen zu leben.

So leben Hexen nicht im Gestern, nicht im Morgen, sondern im *JETZT*.

Hexen nehmen ihr Schicksal selbst in die Hand – allerdings stets nach dem alten *Gelassenheitsgebet*:

„*Gib mir die Gelassenheit, Dinge hinzunehmen, die ich nicht ändern kann, den Mut, Dinge zu ändern, die ich ändern kann, und die Weisheit, das eine vom anderen zu unterscheiden.*"

Das Schicksal liegt also in unserer Hand – unabhängig davon, ob wir daran glauben, oder nicht. Verflixt noch eins! Es führt nichts um dieses Prinzip herum. Erst wenn wir also damit aufhören, nach Ausreden und Schuldigen zu suchen, können wir uns kreativ und konstruktiv damit befassen, unser Schicksal weitgehend selber zu bestimmen.

Die hawaiianischen *Huna-Schamanen* zum Beispiel leben dieses Prinzip der Eigenverantwortung in eindrucksvoller Weise. Ähnlich den Hexen heilen sie damit alle Arten von Missgunst, Krankheiten und Blockaden. Es sind sieben einfache Regeln, die genügen, um eine positive, konstruktive Magie im Alltag zu leben, was zu einem harmonischen, zufriedenen Leben führt.

HUNA & HO'OPONOPONO

Huna (*wörtlich: das Geheimnis*) hat seine Wurzeln in Polynesien. Es handelt sich um eine schamanische Lebenshaltung mit dem Ziel, den Einzelnen und die Welt zu heilen. Folgendes sind die **sieben Huna-Prinzipien**:

1) IKE – „Die Welt ist das, wofür du sie hälst"
In diesem einen Satz liegt das A und O der Huna-Mentalität. Unsere Einstellung entscheidet darüber, was wir erleben. Wer sich darüber bewusst wird, macht einen wesentlichen Schritt in ein glückliches und befreites Leben.

2) KALA – „Es gibt keine Grenzen"
Was wir für möglich halten, ist auch möglich. Die Grenzen entstehen dadurch, dass wir etwas für unmöglich halten.

3) ALOHA – „Lieben bedeutet, glücklich zu sein"
Glück kennt keine Bedingungen. Liebe kennt keine Bedingungen. Wenn wir alles, was ist, zu lieben lernen, sind wir bereits im Glück.

4) MANA – „Alle Macht kommt von Innen"
Äusserer Einfluss ist Illusion. Wir übernehmen die volle Verantwortung für das, was wir erleben. Es gibt keine Schuldigen im Aussen. Alles kommt aus uns. Jede andere Vorstellung ist Täuschung.

5) MAKIA – „Energie folgt der Aufmerksamkeit"
Ob wir unsere Aufmerksamkeit auf Fülle oder Mangel lenken, entscheidet darüber, was in unser Leben kommt. Dieses

Prinzip findet eine Analogie im sogenannten Matthäus-Effekt, der auf einen Satz aus dem Matthäus-Evangelium anspielt: *„Denn wer da hat, dem wird gegeben, dass er die Fülle habe; wer aber nicht hat, dem wird auch das genommen, was er hat."*

6) MANAWA – *„JETZT ist der Augenblick der Macht"*

Es gibt nur das Jetzt. Wir verbringen einen grossen Teil unserer Lebenszeit damit, über die Vergangenheit oder Zukunft zu sinnen. Aus Fehlern zu lernen und sich Ziele für die Zukunft zu setzen, ist sicher wichtig und klug. Visionen und Ziele haben jedoch nur den einen Sinn, uns im Hier und Jetzt zu inspirieren und zu beflügeln. Ein klassischer Weg, immer wieder ins Hier und Jetzt zu finden, ist der *Atem* – denn er ist immer im Jetzt. Konzentrieren wir uns also stets auf den Atem, wenn die Gedanken abschweifen und zu geistigen Hamsterrädern werden!

7) PONO – *„Wirksamkeit ist das Mass der Wahrheit"*

Die Kahunas (Huna-Meister) glauben, dass man den wahren Experten an seinen Resultaten erkennt. Wissen allein ist nicht genug, die Lebenshaltung muss sich sichtbar manifestieren. Und erst an den Resultaten erkennen wir, wie weit wir mit unserer magischen Huna-Haltung gediehen sind. Mangelnder Erfolg soll uns als Ansporn dienen, die Huna-Prinzipien weiter zu verinnerlichen. Zu lernen, sie tief in der Seele zu fühlen, zu glauben.

Eines der *Huna-Rituale* wurde inzwischen schon weltbekannt: *Ho`oponopono*. Ho'oponopono *(hawaiianisch: ho o = in Gang setzen, pono = gut, richtig)* ist ein hawaiianisches Vergebungsritual, eine höchst wirkungsvolle Methode, mit der man persönliche Probleme und zwischenmenschliche Konflikte liebevoll lösen kann. Auch bei Krankheiten kann Ho'oponopono sehr hilfreich sein. Die Heilung erfolgt dabei in vier Schritten, nämlich durch *Verantwortung, Vergebung, Liebe und Dankbarkeit.*

Dieses geistig-spirituelle Ritual basiert auf dem Verständnis, dass alles miteinander verbunden ist: *alles ist Energie,* und somit sind wir nicht einfach „*Individuen*", wie sich die meisten modernen Menschen sehen, sondern Teile eines grossen Ganzen, eines Netzwerks, das durch ganz verschiedenartige Energien – unter anderem Liebe, Hass, Freude, Angst – zusammengehalten wird. Deshalb kann im Aussen nichts geschehen, das nicht mit uns zu tun hat: alles folgt dem Gesetz der Resonanz, gleichartige Energien finden sich. Sobald wir also unseren eigenen Anteil an einem Problem in uns aufdecken und diesen aktiv auflösen, so löst sich auch das sichtbare Problem.

Die geistige Haltung von Ho'oponopono ist etwas Wunderbares, ein Schlüssel zu Zufriedenheit und Akzeptanz der Welt und des Seins. Statt passiv und hilflos zu erdulden, können wir ohne grossen Aufwand mit freudigem Herzen tagtäglich Probleme an der Wurzel packen und auflösen.
Dr. Ihaleakala Hew Len, ein hawaiianischer Psychologe und Huna-Schamane, machte die Methode bekannt, indem er im Staatsspital von Hawaii einen ganzen Trakt voller psychisch Kranker mit schrecklichem Strafregister heilte – ohne je ein Wort mit ihnen zu reden. Drei Jahre lang wandte er Ho'oponopono an, suchte über die Krankenakten der Patienten, was in ihnen (und somit in ihm selbst!) nicht stimmte – und brachte es in Ordnung. Hew Len selbst sieht seinen Lebenszweck darin, jeden Tag

Probleme, Schmerz und Leid aufzulösen – und ermutigt jeden, dasselbe zu tun. Arbeitet man mit Ho'oponopono wird einem bewusst, dass jede Situation, jede Begegnung, ja alles, was uns wiederfährt, mit uns etwas zu tun hat. Wir sind niemals nur zufällige Zuschauer oder gar Opfer einer Situation! Wir lernen, in jedem Erlebnis die versteckte Botschaft zu erkennen, das Gute zu lieben und zu segnen, das Ungute aufzulösen. In diesem Sinne sind die Huna-Schamanen für uns Hexen Brüder und Schwestern im Geiste! Schreiten wir also gleich zur praktischen Anwendung:

Das Ho'oponopono-Ritual

Ho'oponopono ist ein Liebes- und Verzeihungsritual. Dabei werden vier Sätze gesagt oder gedacht, wobei man sich in das entsprechende Gefühl so gut es geht hineinfühlt. Geistig voll präsent verbinden wir uns mit unserem höheren Selbst, und sprechen folgende vier Sätze:

1) Es tut mir leid
2) Bitte vergib mir
3) Danke
4) Ich liebe dich

Auf diese vier Sätze wollen wir etwas eingehen, denn das Verständnis ist wichtig, um in die richtige Energie für dieses Ritual zu finden. Zur Erinnerung: bei Ho'oponopono gehen wir von der Lebenshaltung aus: *„Ich bin der Verursacher von allem, was ist. Ich bin der Projektor – alles andere ist die Leinwand."*

Wir sind also *für alles verantwortlich* – aber nicht schuldig! Dies ist ein wichtiger Unterschied. Vieles, oder gar das meiste von dem, was wir verursachen, ist unbewusst, so, als wären wir ein Leitgefäss, durch das ganz viele Dinge aus dem kollektiven Unbewussten kommen – von dem wir natürlich auch ein Teil sind! Wichtig ist natürlich auch, uns bewusst zu machen, zu wem wir da sprechen. Aus Hexensicht ist Ho'oponopono (genau wie alle anderen Rituale) *„überkonfessionell"*, also nicht an eine bestimmte Religion gebunden. Die Welt und der Kosmos bestehen aus Energie, die eine Form von Bewusstsein ist. Jeder kann sich selbst aussuchen, welche „Ansprechperson" diese Energie für ihn am besten symbolisiert. Das kann der „liebe Gott" sein, Jehova, Allah, die Götter der alten Griechen und Römer, die Geister der Erde, das Universum, die *eine* Kraft. Viele Namen, die aus Hexensicht das gleiche darstellen. Jeder wählt also für sich selbst, mit welcher höheren Macht er spricht! Wichtig ist einfach, sich seelisch auf diese Kraft einzustimmen und einzulassen.

Beim Ho'oponopono-Ritual ist es also essentiell zu wissen:
- *an wen wir uns wenden*
- *was jeder einzelne Satz bedeutet*

Die Bedeutung der einzelnen Sätze
1. Es tut mir leid ... dass ich dies verursacht habe - denn das, was in mir ist, fügt mir oder anderen Leid zu.
2. Bitte verzeih mir. Verzeihen ist eine der stärksten Schwingungen, die zur Lösung einer Situation angewendet werden kann. Dabei verzeihen wir uns gleichzeitig auch selbst für das, was wir uns selbst angetan haben.
3. Ich liebe dich. Bedingungslose Liebe ist die stärkste Kraft im Universum. *„Ich liebe dich"* bedeutet das, was in uns selbst ist und alles im Aussen bedingungslos zu lieben.

4. *Danke!* Auch die ehrliche Dankbarkeit ist eine der höchsten, der stärksten Frequenzen.

Das *„Sich-Einlassen"* auf ein Ritual bestimmt zu einem grossen Teil über seine Wirksamkeit. Je mehr wir in unserer eigenen Mitte sind, je fokussierter und präsenter, desto besser gelingt es, desto eindrücklicher ist der Effekt.

Was hat ein hawaiianisches Ritual denn überhaupt mit Hexen zu tun? Ganz einfach: es ist der Grundsatz, dass unsere Gedankenkraft, unser Glaube, unsere Gefühle – begleitet durch einen *„Zauberspruch"* – in der (Aussen-)Welt etwas bewirkt. Zaubersprüche, wie zum Beispiel das allen bekannte Abrakadabra, tragen eine bestimmte Energie in sich: einerseits unseren eigenen Glauben, andererseits die Energie des kollektiven Unbewussten. Sie dienen zudem als „Leitplanken" für unsere Achtsamkeit bei einem Ritual *(respektive Zauber)*, helfen uns dabei, unseren Geist auf etwas bestimmtes zu fokussieren, uns in die richtige Frequenz, in den höchsten Glauben einzustimmen.

Es ist ratsam, sich diese vier Sätze im Arbeitszimmer, oder in einem sonstigen Zimmer, in dem wir uns oft aufhalten aufzuhängen, damit wir, wenn wir es  einmal benötigen, an dieses einfache Ritual erinnert werden. Wir vergessen in wichtigen Momenten oftmals das einfachste, was wir anwenden könnten.

POWERBETEN & HEILBETEN

In vielen Naturvölkern wird seit Jahrhunderten *„gesund-gebetet"*. Schamanen heilen über die Kraft ihrer Gedanken und ihres Glaubens Warzen, Wunden, Schmerzen, Migräne, Rückenschmerzen, Stimmungsschwankungen, Allergien – und manchmal auch *„unheilbare"* Krankheiten.

Die Kunst des Heilbetens ist eine uralte Heilmethode ohne feste religiöse Zuordnung. Schliesslich steht schon in der Bibel *„Jedem geschehe nach seinem Glauben."* Wie bereits weiter oben erwähnt lehrt uns die moderne Quantenphysik genauso wie die spirituellen Lehren, dass alles Energie ist – auch unsere Gedanken. Unsere Gedanken sind somit nicht nur in unserem Kopf, sondern erreichen jeden beliebigen Menschen, jeden Ort dieser Welt. Vieles weist darauf hin, dass der Glaube an etwas bestimmtes *(also nicht zwangsläufig der religiöse Glaube!)* die höchste Kraft besitzt, die unser Geist generieren kann.

Beim *Heil-Beten* senden wir Energie, welche unsere Mitmenschen ermutigt, stärkt und im Heilungsprozess unterstützt, ungeachtet dessen, ob unsere Zielperson an einer körperlichen oder seelischen Krankheit oder an einer bestimmten Lebenssituation leidet.

Ein wichtiger Punkt beim Heil-Beten (wie bei jeder Energie-Arbeit) ist folgender: Energie kann stark oder schwach sein. In kleinen Mengen vorhanden oder im höchsten Mass. Gewisse Menschen haben die Begabung, gewaltige Energien zu mobilisieren. Wenn aber mehrere Menschen sich zum Heil-Beten vereinigen, können auch gewöhnliche Menschen *(oder Hexen-*

Novizen) Grosses bewirken. Das Schlüsselwort dazu lautet also: *Gemeinsam sind wir stärker!*

Beim *Power-Beten* suchen wir uns also eine Gruppe von Gleichgesinnten, mit denen wir gemeinsam einem bestimmten Menschen heilende Energien schicken – eine gebündelte Ladung positiver Heilkraft! Ein paar wichtige Grundregeln dazu:

- *Unsere Energiearbeit ersetzt keinen Arzt und keine Therapie, sondern ergänzt diese.*
- *Bei Krankheiten kommt Power-Beten nicht erst dann zum Einsatz, wenn die Schulmedizin scheitert und nichts mehr hilft, sondern begleitend von Anfang an.*
- *Die Effizienz des Heilgebets ist sogar wissenschaftlich gut dokumentiert.*

Es gibt unzählige Hinweise, Geschichten und Studien, welche die Kraft der Gedanken unterlegen. Gegner und Skeptiker, die das bestreiten, tun dies üblicherweise auf Basis von Vorurteilen. Doch fragen wir doch einmal andersherum: falls die Kraft der Gedanken nichts bringen würde, könnte man damit auch niemandem schaden. Fazit: warum es nicht einfach probieren? Gleich jetzt?

Power-Beten – das Ritual
Wie bei jedem Ritual gilt es, unsere Gedanken auf ein bestimmtes Gefühl auszurichten, nämlich auf das Gefühl, das Ziel bereits erreicht zu haben. Auch bei diesem Heilritual gilt der Grundsatz, dass jeder Mensch letztlich nur durch sich selbst heil werden kann, doch wir können ihm die Kraft, Liebe und

Energie schenken, die eigenen Heilkräfte richtig anzukurbeln respektive die inneren Prozesse, die zur Heilung erforderlich sind, endlich anzupacken.

Heil-Beten kann man allein durchführen, Power-Beten geschieht durch das Bündeln der Energie mehrerer Menschen. Falls wir eine Gruppe haben, machen wir mit dieser eine bestimmte Zeit ab, während der wir gemeinsam und gleichzeitig dem leidenden Menschen Heilenergie senden. Dies können wir alle zusammen in einem Raum tun, oder jeder bei sich zu Hause: Energie kennt weder räumliche noch zeitliche Grenzen.

Wir richten unser Bewusstsein in liebevoller Weise auf den betroffenen Menschen. Wichtig ist nun, kein Mit-Leid zu empfinden, sondern sich vorzustellen, wie es diesem Menschen gut und immer besser und besser geht, *wie er heil IST.* Dies kann durch Imagination geschehen, durch Gedanken, durch Worte, durch ein Gefühl, oder am besten alles gleichzeitig. Oft erhält man vom betroffenen Menschen innerhalb weniger Tage ein positives Echo!

Gebete sind so alt wie die Menschheit. Sie gehören weiterhin zu den hilfreichsten und stärksten Ritualen, sind wahre Schätze in unserem Alltag. Beten heisst, sich mit dem Höchsten zu verbinden, an etwas Mächtigeres als wir selbst es sind zu glauben. Unser Glaube hat dabei offenbar eine kanalisierende Wirkung, lenkt die Energie in die Richtung unseres Ziels.

Magie

Bei der Frage, was Magie eigentlich ist, gehen die Meinungen auseinander. Für die einen gehört Magie in die Welt der Phantasie. Andere Menschen erkennen die Magie im Alltag, sehen, wie sehr unser Denken und Glauben über unser Leben bestimmt.

Meiner Erfahrung nach sind Denken und Glauben tatsächlich der Schlüssel zur Magie. Ganz egal, ob man ‚magische Formeln' benutzt, Altare, Zauberstäbe oder andere Utensilien und Techniken – sie alle dienen in erster Linie dazu, unsere Gedanken und Gefühle – und somit unseren Glauben – zu kanalisieren, unsere mentalen Kräfte zu bündeln wie einen Laserstrahl. Die moderne Quantenphysik lehrt, dass alles Energie ist. Alles, ohne Ausnahme. Somit ist auch unser Denken, unsere Gedankenkraft, eine Form von Energie. *Und Energie wirkt, egal ob wir an sie glauben oder nicht.*

Beim Stichwort Magie schwingt oft das Thema *„weisse Magie vs. Schwarze Magie"* mit. Wir leben in einer polaren Welt, es gibt „Gut und Böse", Yin und Yang, Licht und Dunkelheit. Wie schon weiter oben erwähnt, ist dieses Buch für jene Hexen gedacht, die sich der „guten" Seite zuwenden. „Böse" hat im magischen Denken nicht zwangsläufig mit Schadzauber, Manipulation und Mord zu tun, aber die schwarze Magie basiert oft auf Angst, Egoismus und Unbewusstheit. Die wahre Hexe jedoch sollte liebevoll sein, erfüllt von Vertrauen und dem Wunsch, anderen und sich selbst Gutes zu tun, das Leben stetig besser zu gestalten – ohne je einem anderen zu schaden. Nicht zuletzt wegen einem der ältesten magischen Gesetze, das besagt, dass alles auf einen zurückfällt. Auch hier gilt das Gesetz von Ursache und Wirkung, und Nichtwissen schützt vor Strafe nicht. Natürlich ist auch das Hexen ein Lernprozess. Wir machen Fehler, um aus ihnen zu lernen. Die Absicht hinter jedem magischen Prozess sollte jedoch immer gut sein.

Bei magischen Ritualen ist es wichtig, niemals auf Menschen einzuwirken, die davon nichts wissen. Ein stillschweigendes Einverständnis kann nicht vorausgesetzt werden! Auch bei Heilzauber muss die Zielperson einverstanden sein, es wünschen, geheilt zu werden. Alles andere wäre Manipulation. Auch beim Liebeszauber, der oft verlangt wird, darf man der Zielperson die grosse Liebe herbeiwünschen, aber niemals einen bestimmten Menschen, weil wir nicht wissen können, ob diese ersehnte Person vielleicht ganz andere Pläne in Sachen Liebe hat.

Hexensymbole

Symbole sind allgegenwärtig. Wer Romane von Dan Brown gelesen hat, dem sind sicher schon etliche Schuppen von den Augen gefallen, und man staunt, wie Symbole sogar unseren hochmodernen Alltag beherrschen. Nicht nur in sämtlichen Religionen finden wir Symbole *(wie z.B. das Kruzifix der Christen, den Davidstern der Juden, Hilal (Mondsichel) und fünfzackiger Stern des Islam, die Lotusblüte des Hinduismus)*, sondern auch ausserhalb der Religionen begegnen wir Symbolen auf Schritt und Tritt.

Was ist ein Symbol?
Das Wort stammt aus dem Griechischen und bedeutet Kennzeichen, Merkmal oder Sinnbild. Es ist ein Zeichen, das uns an etwas bestimmtes, meist bedeutungsvolles erinnern soll und ist somit eine weitere „Leitplanke", um unsere Gedankenkräfte auf etwas Spezifisches zu konzentrieren. Da alles Energie ist und sämtliche Gedankenenergie aller Menschen und Lebewesen miteinander verbunden ist, kann man davon ausgehen, dass Symbole über die Jahrhunderte durch die kollektive Gedanken- und Glaubensenergie unzähliger Menschen in gewisser Weise *„magisch aufgeladen"* worden sind: nicht nur unsere eigene Gedankenkraft verbindet sich also mit einem spezifischen Symbol, vielmehr ist es, als würde man eine Steckdose anzapfen, die von einem gewaltigen Generator mit Strom versorgt wird.

So haben natürlich auch Hexen ihre spezifischen Symbole, die sie vor allem bei ihren Ritualen benutzen. Anbei ein paar der wichtigsten:

Das gleicharmige Kreuz

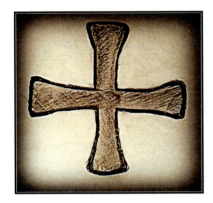

Das gleicharmige Kreuz ist eines der mächtigsten magischen Symbole, denn es repräsentiert die *Zahl Vier* und somit einige der wichtigsten *Naturprinzipien*: Die vier Windrichtungen, die vier Elemente, die vier Jahreszeiten, die vier Mondphasen. Das gleicharmige Kreuz symbolisiert damit die Bereitschaft der Hexe, sich den Kräften der Natur anzupassen, sich an den spezifischen Kraft-Richtungen und Kraft-Phasen der Natur auszurichten.

Das Pentagramm

Das Pentagramm oder Pentakel ist eines der bekanntesten Symbole und wird oft als Schutzamulett getragen, nach Hexens Wissen auf der nackten Haut und somit nicht sichtbar für fremde Augen. Das Pentagramm liegt üblicherweise in einem Kreis, der den Schutz symbolisiert. Das fünfzackige Symbol steht auch für die fünf Elemente Erde, Wasser, Feuer, Luft und Äther.

Oft findet das Pentagramm seinen Platz in der Mitte unseres Altars, als Schutz des Rituals und als Verbindungspunkt mit der Materie. Wie weiter oben erwähnt, sollte die Spitze des Pentagramms stets nach oben zeigen.

Das Pentagramm als Zeichnung

Je nachdem, für welches Ritual wir das Pentagramm benutzen, zeichnen wir es von oben nach unten – oder von unten nach oben *(siehe die entsprechenden Pfeile)*.

Wir zeichnen das Pentagramm oft für die *Invokation* (= Anrufung, Verbindung mit den Naturkräften). Um etwas herbeizurufen, zeichnen wir das Symbol *von oben nach unten*. Um etwas Bestimmtes zu bannen, zu vertreiben, zeichnen wir es *von unten nach oben*.

Wir können das Symbol auf ein Blatt Papier zeichnen, auch in die Luft, mit Kreide auf die Strasse, mit dem Zahnstocher ins Salz, in den Sand – an jeden Ort, der sich anbietet.

Die Richtung entscheidet stets, ob wir etwas anziehen oder vertreiben, fernhalten wollen.

Die Magische Spirale

Die heilige magische Spirale ist ein uraltes Symbol, das vor allem auch beim Heilen Anwendung findet. Im *Uhrzeigersinn*

gezeichnet holt sie etwas heran, bringt positive Energien zum Fliessen, Dinge zum Wachsen. Bei spiritueller Arbeit wird auch die Innenschau damit aktiviert, die Wahrnehmung seiner selbst und der Umgebung wird geschärft.

Im *Gegenuhrzeigersinn* gezeichnet, vertreibt die Spirale negative Energien. Diese Spirale wird oft bei Schmerzen oder jeglicher Art von Überfunktion angewendet. Man beobachte nur, wie Mütter instinktiv den Bauch ihrer Kleinkinder streicheln, wenn sie Schmerzen haben. Es existiert auch ein *Spiraltanz,* der bei Ritualen oft praktiziert wird. Er führt die Hexen auf die Reise nach innen, in eine Trance reiner Bewusstheit. Diese Spirale wird oft in Meditationen angewendet.

Vollmond mit Mondsicheln
Ein Vollmond, flankiert von zwei Mondsicheln, ist das Symbol der Mondgöttin Luna und der Weiblichkeit, die mit unserer Gefühlswelt und allen tieferen Seelenschichten assoziiert wird.

Da die Hexe vermehrt mit den weiblichen Prinzipien, also mit ihrer Gefühlswelt arbeitet, liegt ihr dieses Mond-Symbol ganz besonders am Herzen. Sind die beiden Mondsicheln *nach aussen* gerichtet, werden auch die Wunsch- und die Ritualkräfte nach aussen gerichtet sein.

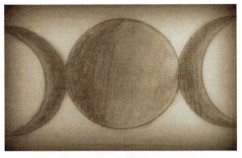

Sind jedoch die beiden Mondsicheln *nach innen* gekehrt, wirken die Wunschkräfte und die Ritualkräfte auch vermehrt nach innen. Dieses Symbol, der in der römischen Mythologie als Mond-Göttin bekannten Luna, kann als Amulett getragen oder auch als Zeichnung bei verschiedenen Ritualen Verwendung finden.

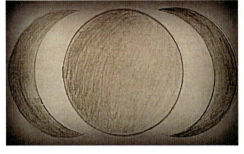

DAS BUCH DER SCHATTEN

Der Begriff stammt aus dem Englischen „*Book of Shadows*" und wird üblicherweise als *BOS* abgekürzt. Es ist das *persönliche Hand- und Arbeitsbuch* einer Hexe. Es ist ein Grundgerüst, das eine angehende Hexe traditionellerweise handschriftlich aus dem Buch der Schatten der einweihenden Priesterin kopiert und gemäss ihren eigenen Erfahrungen erweitert.

So werden darin beispielsweise die Wirkungen von Kräutern, Zaubersprüchen und Ritualen festgehalten und laufend modifiziert und verbessert. Das eigene, persönliche Buch der Schatten enthält die ganze magische Energie, mit der ihm Leben eingehaucht wird, und ist daher unbezahlbar. Ein solches magisches Buch enthält die ganze Weisheit und magische Kraft einer Hexe.

Um dessen Wichtigkeit zu verstehen, muss man erst selber eins aufbauen – dann erst spürt man diese enorme gesammelte magische Kraft. Es gibt keine bindenden Vorschriften oder Gesetze, was darin stehen soll. Es darf auch Schriften und Auszüge von anderen Hexenbüchern enthalten, vor allem aber auch die eigenen, persönlichen Erfahrungen und Erkenntnisse.

So wird jedes BOS von Jahr zu Jahr individueller und einzigartiger, so einmalig wie der Fingerabdruck der Besitzerin.

Magische Tage

Besonders geeignet für magische Rituale sind die *13 Vollmonde des Jahres*. Vollmondrituale sind der Göttin gewidmet, denn da steht sie in ihrer grössten Kraft. Um diese Kraft auch voll auszukosten, wird in der Regel gleich der ganze Abend für das Ritual reserviert. Oft gehört ein kleines Festmahl dazu, bei dem die Hexe selbstgekochte warme Nahrung verspeist – entweder allein oder auch um ein Feuer in der Natur im Kreise von Gleichgesinnten, mit denen man das Ritual gemeinsam durchführt und zum Schluss den Ausklang des Abends zusammen geniesst. Im Rahmen dieser Vollmondabende werden häufig Wunsch- und Loslassrituale praktiziert.

Die Wochentage und ihre Energie
Der *Sonntag* wird von der Sonne regiert und ist daher am besten geeignet für Rituale, die mit Heilung, Wohlstand, Glück, Erfolg und einem guten Auftreten zu tun haben.

Der *Montag* ist der Tag des Mondes und stärkt alle Rituale, die mit Mutter Erde, Tieren, Fruchtbarkeit, Eigenheim, der Gefühlswelt und mit Geborgenheit zu tun haben.

Der *Dienstag* ist marsbetont, und alle Rituale, die mit Mut, Stärke und Durchsetzung zu tun haben, gelingen an diesem Tag besonders gut.

Der *Mittwoch* wird von Merkur regiert, der für die Kommunikation zuständig ist und unseren Geist beflügelt. Wissen, Schreibrituale, Handel und alle Arten von geschäftlichen Aktivitäten sind an diesem Tag sehr wirksam.

Der **Donnerstag** wird erfüllt von Jupiter-Energie. Hier sind die Rituale zu Themen wie Glück, Erfolg, Zufriedenheit, neuen Zielen und Reichtum besonders günstig. Auch Glücksamulette fertigt man idealerweise an einem Donnerstag an.

Der **Freitag** gehört zur Venus. Hier regiert die Liebe und alles, was mit ihr zu tun hat. Heirat, Schönheit, Freundschaft und alles Kreative. Auch auf materiellen Gewinn ausgerichtete Rituale werden an diesem Tag mit Erfolg gekrönt.

Der **Samstag** ist der Tag des Saturns. Mit seiner Hilfe gelingt es, Ordnung, Erfolg und Selbstständigkeit zu verstärken. Auch verlorene Gegenstände finden wir am besten, wenn wir an diesem Tag mittels eines Rituals danach suchen.

Hexen-Feiertage & ihre Rituale

Da die Hexe sehr naturverbunden ist, richten sich ihre Feier- und Ritualtage natürlich auch nach den natürlichen Zyklen der Natur. Die grundsätzliche Bedeutung der einzelnen Feiertage erahnt man also bereits, indem man darauf achtet, was zu einer gegebenen Zeit in der Natur passiert. Dies dient dem tieferen Verständnis der einzelnen Festtage und Rituale.

Hexensabbat

Der Begriff Hexensabbat ist heikel, wenn man ihn nicht näher spezifiziert. Er verbindet den im Mittelalter geprägten Hexenbegriff mit dem hebräischen Wort *Schabbat*, dem in der jüdischen Religion von Gott gebotenen Ruhetag am Ende der Arbeitswoche. Im Verlauf des Hochmittelalters wurde das Judentum jedoch im Rahmen des Antijudaismus dämonisiert und man unterstellte den Juden satanische Riten, das Anbeten von Dämonen, rituelle Morde und allerlei Scheusslichkeiten.

Wie wir inzwischen wissen, spreche ich *(manchmal etwas augenzwinkernd)* von den „guten" Hexen, die mit Teufelswerk nun gar nichts am Hut haben. Und wenn ich hier die wichtigen (Hexen-)Sabbate vorstelle, meine ich damit in erster Linie die wichtigen „Naturfesttage", welche die naturverbundenen Hexen seit alters her feiern.

Vor viertausend Jahren gab es nur zwei Hexen-Sabbate: *Beltane* und *Samhain*. Mit diesen Feiern wurden jeweils die beiden wichtigsten Jahreswendetage gefeiert, der Beginn des Frühlings und das Ende des Herbstes. Es wurden Feuer angezündet, die den Tag zur Nacht machten, und es wurde drei Tage lang gefeiert.

Die Sabbatte *Imbolg* und *Lammas* kamen erst später dazu. „Hexensabbate" sind also für die Hexe wichtige Feiertage, an denen sie möglichst nicht arbeitet, sondern die magischen Energien dieser Zeit für ihre Rituale nutzt.

Spezielle Hexen-Feiertage

1. Februar	Imbolc = Lichtmess
21. März	Ostara = Frühlings-Tag-Nachtgleiche
1. Mai	Beltane = Walpurgisnacht
21. Juni	Litha = Sommersonnenwende
23.–24. Juni	Johannis-Tag/Johannis-Nacht
1. August	Lugnasad/Lammas = Erntefest
12.–18. August	Mitte August = Sternschnuppennächte
21. September	Mabon = Herbst-Tag-und-Nachtgleiche
1. November	Samhain = Allerheiligen
21. Dezember	Yule = Wintersonnenwende
6. Januar	Rauhnacht = Reinigung

Imbolg (Oimelc)
1. Februar - auch Lichtmess genannt, aus dem Irischen imb-folc, was *„Rundum Waschung"* bedeutet. Oimelc ist die Bezeichnung für das erste Milchgeben der Schafe im Frühjahr. Das Fest wurde in der Nacht vom 1. auf den 2. Februar und am ganzen darauffolgenden Tag gefeiert und gilt in ländlichen Gegenden auch heute noch als spezieller Reinigungstag.
Hexen widmen sich in dieser Zeit der Reinigung auf allen Ebenen, sei dies im Heim, im eigenen Seelenhaushalt, im Umfeld - einfach überall. Zudem feiert die Hexe an diesem Tag den Hexenfrühling, wo nach besagter Reinigung die neue Saat gesät wird. Auch als das Fest des Lichts ist dieser Tag bekannt,

denn die Hexen zünden viele Kerzen an, um auf magische Weise die Energie der Sonne anzuziehen, damit der Sommer schneller kommt.

Reinigungs-Ritual
In der Nacht vom 1. auf den 2. Februar nehmen wir um genau 22.22 Uhr ein *Salz-Salbei Bad*. Am besten eignet sich Meeressalz und frische Salbeiblätter (9, 12 oder 15 Blätter). Natürlich wirken auch andere Salze und getrocknete Salbeiblätter, wer nicht frische bei sich hat. Wir bleiben genau 22 Minuten in diesem Bad und gehen in unsere Mitte. Von innen aus, spüren wir, wie sich unser ganzer Körper von allem trennt, was nicht zu ihm gehört. Alles löst sich, wird weich und wir überlassen es bildlich einfach dem Wasser, das uns reinigt. Nach 22 Minuten stehen wir auf, und duschen alles, was nicht mehr zu uns gehört von unserem Körper ab. Wir visualisieren auch hier, wie sich das restliche alles löst und alles an unserem Körper lang nach unten wegfliesst - alles geht den Abfluss ab, weg ins grosse Wasser zurück, wo es sich wieder wandeln kann.
In dieser sauberen Energie gehen wir anschliessend in ein frisch gebettetes Bett und lassen uns in die Traumwelt entführen. Nicht selten bekommen wir in dieser Nacht für uns wichtige Botschaften. „*So sei es!*"

Ostara & Mabon
Ostara = Frühlings-Tag, Tag-und-Nachtgleiche, Frühjahrsputz und Frühlingsdiät. Zeit des Säens.
Mabon = Herbst-Tag-und-Nachtgleiche. Erntedankfest.

Ostara: 21. März - auch Tag der Göttin genannt. Zeit des Säens, das Erwachen der Natur. In diversen Kulturen gilt Ostara als

Begriff für die Frühlingsgöttin. Der ideale Tag für Rituale, an denen die Saat für etwas Neues im Leben gesät werden soll, für etwas, das wachsen soll. Jedes Thema kann hier miteinbezogen werden: Arbeit, Geld, Liebe, Familie etc. Sollten irgendwo noch Ungerechtigkeiten oder offene Konflikte vorhanden sein, versucht die kluge Hexe diese noch in der Woche vor Ostara aufzulösen, Streit zu schlichten oder um Vergebung zu bitten. Dieser Feiertag ist energetisch auch einer der besten, um über Rituale wie z.B. Systemisches Aufstellen – bei mir das Astro-Systemix – verschiedenste Probleme in den tieferen Ebenen zu verstehen und aufzulösen. Die Hexe schreibt sich auf eine Liste die Namen jener Menschen, denen sie vergeben möchte, und verbrennt die Liste dann an besagtem Tag im Kreise Gleichgesinnter – auch Zirkel genannt. Mit den Kindern werden auch fleissig Ostereier bemalt, denn in unserer Kultur kennen wir dieses Fest auch als Ostern.

Ritual zum Säen

Am 21. März nachmittags ab 15 Uhr nehmen wir einen Topf mit Erde, einen Samen einer uns gutgefühlten Pflanze und säen diesen Samen in den Topf. Auf ein kleines Blatt Papier schreiben wir mit roter Schrift in einem Wort, was das Ziel dieser Saat sein soll. Zum Beispiel: Erfolg, Frieden, Glück, usw. Ihr wisst genau welcher Bereich bei euch betroffen ist, daher muss nicht mehr als dieser *eine* Begriff aufgeschrieben werden. Dieses Blatt wird dann genau um 20.57 Uhr in den Topf nahe des Sämchens eingepflanzt. Um 21 Uhr zünden wir eine rote Kerze an und visualisieren uns in dieses erreichte Ziel.

Kein „*Aber*", kein „*Wenn*". Kein „*es wäre*" und kein „*eigentlich*". Es ist!

Wir verweilen einige Minuten in dieser Energie und lassen die Kerze noch bis Mitternacht brennen. Ab diesem Tag wird dieses Pflänzchen mit Liebe, Licht, Wasser und viel Freude zum Wachsen gebracht. *„So sei es!"*

Beltane
1. Mai - bei uns vor allem als *Walpurgisnacht* bekannt, als Hexennacht schlechthin. Beltane ist ein traditionelles nord- und mitteleuropäisches Fest, das von der Nacht vom 30. April auf den 1. Mai gefeiert wird. Der Name Walpurgisnacht leitet sich von der heiligen Walburga ab, deren Gedenktag bis ins Mittelalter am Tag ihrer Heiligsprechung am 1. Mai gefeiert wurde. Im Gegensatz zum Samhain-Fest (Nacht auf den 1. November), an dem der Schleier zwischen der Welt der Lebenden und der Welt der Toten am dünnsten sein soll, wird in der Walpurgisnacht der Neubeginn gefeiert. Der 1. Mai war für die Kelten einer der wichtigsten Tage ihres religiösen Jahres: Sie feierten den Beginn der Sommerzeit, in der die Erde wieder zum Leben erwacht. Der Gang zwischen zwei Walpurgisfeuern soll reinigen und Seuchen fernhalten (Walpurga gilt als Schutzheilige gegen Pest, Husten und Tollwut). Die auch heute noch in weiten Teilen Deutschlands gefeierten Hexenfeuer gehen vermutlich auf diese Tradition zurück.

Der Legende nach feiern in jener Nacht die Hexen mit Teufeln ein wildes Fest, was wohl auf alte Feierlichkeiten zurückzuführen ist, in denen sich Druiden, Schamanen und Priesterinnen mit den neu erwachenden Naturkräften vereinigten. Beltane spielt eine wichtige Rolle im Leben einer weisen Hexe, denn hier wird der Neubeginn des Lebenszyklus gefeiert, geliebt und gelacht. Es geht um die Vereinigung des weiblichen und männlichen Prinzips, auf allen Ebenen, symbolisch und fleischlich, bei dem etwas Neues entsteht, denn Beltane ist auch ein *Fest der Fruchtbarkeit.* Zur Walpurgisnacht gehört das Abbrennen von Leucht- und Freudenfeuern, im kleineren Rahmen reichen zu Hause natürlich auch ein paar Kerzen oder ein Feuer im Kamin.

Ritual zum Neubeginn *(Fruchtbarkeitsritual)*
Um 22 Uhr zünden wir ein Feuer an, am besten draussen in der freien Natur, im geselligen Kreis. Vor dem Ritual darf gegessen, getrunken und gefeiert werden, bis wir dann kurz vor Mitternacht unser Ziel visualisieren, bei dem es um einen Neubeginn geht. Dies kann z.B. ein neues Unternehmen sein, eine neue Partnerschaft oder auch ein Wunschkind. Sobald wir unser Ziel in uns sehen und fühlen, springen wir dreimal über das Feuer. Falls dieses Feuer eine Kerze zu Hause ist, kann man auch über diese Kerze springen. Wichtig dabei ist, diese (Freuden-)Sprünge im grösstmöglichen Glücksgefühl zu erleben, in der Gewissheit, dass *„das Ziel bereits erreicht ist"*, denn erst dies aktiviert den ganzen Zauber. Je mehr Freude empfunden wird, desto sicherer geht unser Wunsch in Erfüllung. *„So sei es!"*

Litha & Yule
Der *21. Juni und 21. Dezember* sind die wichtigsten Tage im Hexenkalender: Die längste Nacht, am 21. Juni, und die kürzeste Nacht am 21. Dezember.

Diese Tage vibrieren förmlich mit der Kraft des Wandels, der Energie der Jahreszeitenwende. Bei Sonnenwende erreicht die Sonne im Lauf eines Jahres den grössten nördlichen oder südlichen Abstand vom Himmelsäquator.

Litha & Yule - Wandlungsritual

Wir schreiben mit einem schwarzen Stift all das auf ein Blatt Papier, was nicht mehr in unser Leben gehören soll, was wir loswerden möchten. Wer sich von einer alten Liebe, von schmerzhaften Erfahrungen einer Beziehung lösen möchte, kann zusätzlich einen (symbolischen!) Brief an die betroffene Person schreiben, in dem er ihr alles mitteilt, was ihm noch auf dem Herzen liegt. In diesem Brief – den wir ja niemals abschicken werden - darf alles drin stehen, z.B. anhaltende Wut, Traurigkeit, Verletztheit, Groll. Wichtig ist jedoch, dass wir uns zum Ende des Briefes dafür bedanken, dass wir diese Erfahrungen mit dieser bestimmten Person machen durften - und wir teilen ihr mit, dass wir jetzt bereit sind, sie in Liebe loszulassen.

Auf ein neues Blatt schreiben wir sodann mit einem roten Stift unsere neuen Ziele auf, all das, was wir in der nächsten Zeit erreichen möchten. Auch ein Ziel-Datum darf vermerkt werden. Kurz vor Mitternacht zünden wir eine Kerze oder ein Feuer an und übergeben zuerst die (schwarze) Loslass-Liste der wandelnden Kraft des Feuers, halten einige Minuten inne (um uns bewusst zu machen, was wir alles losgelassen haben), dann legen wir auch den Wunschzettel ins Feuer, betrachten die Flammen und sehen zu, wie unsere Wünsche und Ziele *„nach oben"* ins Universum weitergeleitet werden. *„So sei es!"*

23. & 24. Juni - Johannis-Tag und Johannis-Nacht

Der Johannistag ist ein weiterer magischer Tag, der in vielen Gegenden Europas heute noch gefeiert wird. Hier tanzt die Hexe ums Johannisfeuer. Es ist ein Fest der Sonnenwende, darum heisst es auch Sonnenfeuer. In der Nacht auf den 24.

Juni ergibt sich die grosse Chance, herauszufinden, wer unsere „Sonne der Liebe ist", jener spezielle Mensch, der unser Leben mit Licht und Liebe erfüllt. Natürlich gibt es dafür auch ein passendes *Johannis-Ritual*:

Am 23. Juni, am Johannistag, stellen wir abends eine Schüssel mit glatt gestrichenem Mehl unter einen Rosmarinstrauch. Nachts, wenn wir im Bett liegen, stellen wir uns die Frage: *„Wer ist meine grosse Liebe?"* Wenn wir uns die Frage immer wieder mit offenem Herzen stellen, so sind am nächsten Morgen die Initialen des/der zukünftigen Geliebten im Mehl zu erkennen. *„So sei es!"*

Lugnasad/Lammas
1. August. Das dritte der vier grossen Feste liegt am Beginn der Erntezeit. Die Kelten feierten dies als grosses Lichtfest. Lugnasad, ausgesprochen *Luu-na-sah*, bedeutet *„Hochzeit des Lichts"*. Dieses Fest liegt genau zwischen der Sommersonnwende und der Herbst-Tag-und-Nacht-Gleiche. Der August ist der Monat der Erfüllung, der ersten Ernte des Jahres, der Manifestation von Überfluss. Passend zur sonnigen, kindlich unbefangenen Kraft des (astrologischen) Löwen, wird von Mitte Juli bis Mitte August die kindliche Seite des Menschen auf allen Ebenen gelebt, es wird gespielt, gerannt, gefeiert und geschenkt. Rituale, die uns zum *„inneren Kind"* führen (*siehe Ritual weiter unten*), bieten sich an diesem Tag förmlich an.

Zudem wird der 1. August als *Hoch-Zeit* gefeiert, denn die Sonne und das Glück stehen an diesem Tag am höchsten. Die *„schlauen Schweizer"* haben dies schon lange erkannt und den 1. August zu ihrem Nationalfeiertag erkoren... :)

An diesem magischen Tag wird so ausgelassen gefeiert, dass auch beim spassbefreitesten Teilnehmer die kindliche Seite wieder geweckt wird, denn nicht selten geht diese in der Strenge des Alltags vergessen. In den USA und Kanada wird das Erntedankfest (Thanksgiving = Danksagung) stets am vierten Donnerstag des Monats November gefeiert und weicht stark von der europäischen Tradition des Erntedankes ab. In den USA ist *Thanksgiving* das wichtigste Familienfest.

Was die Hexen betrifft, so schmücken diese ihren Altar zu diesem Anlass besonders gerne mit Blumen und Früchten des Feldes. Auch backen und kochen sie aufwendigere Gerichte und feiern so ihre Dankbarkeit einer guten Ernte *(wobei die Ernte materieller oder seelischer Natur sein kann)*. Wie oben erwähnt, ist dies der ideale Tag, um mit dem *„inneren Kind"* Kontakt aufzunehmen, es zu trösten, zu lieben und zu stärken:

Lugnasad-Ritual

Wir setzen uns im Kreis um ein Feuer *(oder allein vor eine Kerze)* und legen unsere Hände muschelförmig über unsere Augen. Wir visualisieren unser inneres Kind, sehen uns selber in einem frühen Lebensalter, wie wir ängstlich da sitzen *(weil jeder von uns so einen Moment schon einmal erlebt hat)*. Nun sprechen wir in Gedanken zu diesem verängstigten Kind:

„Kleine/r ... (den eigenen Namen nennen), du brauchst keine Angst zu haben. Ich bin dein erwachsenes Selbst. Schau, ich bin gross und stark, und ich beschütze dich. Nichts kann dir passieren. Bitte nimm den Platz in mir ein, der dir gebührt und hab Vertrauen, dass ich dich immer beschützen werde. Du bist mein Ein und Alles und ich bin immer für dich da."

Jetzt legen wir unsere Hände, immer noch zu zwei Muscheln geformt, auf unser Herz und lassen die Energien fliessen. In uns beginnt es sanft zu kribbeln oder zu vibrieren, und wir fühlen, wie wir mit jeder Minute wärmer, stärker und präsenter werden. *„So sei es!"*

Sternschnuppennächte
10.–18. August. Jedes Jahr gegen Mitte August regnet es tausende von Sternschnuppen über Europa. Bei klarem Himmel sieht man zuweilen bis zu hundert Sternschnuppen pro Stunde! In vielen Ländern gilt die magische Regel, dass Sternschnuppen unsere Wünsche erfüllen, sofern wir eine davon erspähen. Der Wunsch muss uns allerdings genau in jenem Moment bewusst sein, während wir die Schnuppe sehen. Es lohnt sich also, immer einen Wunsch dabei zu haben!

Mabon
21. September. Das Erntedankfest wird benannt nach Mabon, dem Sohn der Göttin Modron. Man feiert und bedankt sich bei der Göttin für die Früchte des Feldes, die nun geerntet werden dürfen. Die Energie dieses Fests steht im Zeichen der Dankbarkeit, denn Dankbarkeit ist eine jener Emotionen, die Positives anzieht. Erst danach kommen unsere persönlichen Themen. Diese sind an jenem Sabbat in erster Linie Probleme, die wir loswerden möchten - und dabei hilft uns die Kraft der Ahnen. Die Tage des universellen Gleichgewichts, der Dualität, stehen an diesem Datum der Tag- und Nachtgleiche (Tag und Nacht sind gleich lang) im Vordergrund. Die *Wintersonnenwende*, am kürzesten Tag symbolisiert die Wiedergeburt der Sonne, die dann bis zur Sonnenwende im Sommer ihren höchsten Platz erreicht hat und die ganze

Natur in ihrer Magie aufblüht. So feiert die Hexe diese Tage der Sonnenwende weniger mit Ritualen im Aussen, als mit intensiven inneren Prozessen. Genau daraus entstehen dann die Veränderungen, die sie vielleicht schon länger anstrebt. In der Ruhe liegt die Kraft.

Dankes-Ritual
Am Abend des 21. September um genau 21 Uhr zünden wir ein Feuer oder eine Kerze an. Wir gehen in die Ruhe und lassen unsere Gedanken fliessen. In dem Moment, wo der erste Dankbarkeitsgedanke von selber kommt, beginnen wir, all jenen Menschen zu danken, die unser Leben bereichert haben. Seien dies die Eltern, der Partner, die Kinder, Mitarbeiter, Vorgesetzte, Nachbarn, usw. Die Namen all jener Personen schreiben wir mit einem braunen Stift auf einen Papierbogen. 33 Minuten lang bleiben wir in dieser bewussten Dankbarkeit. Um genau 21.33 Uhr verbrennen wir den Papierbogen in einer Feuerschale und geben ihn dem Universum ab.
„So sei es!"

Samhain
1. November. Samhain - dank dem amerikanischen Gruselfest heute vor allem als Halloween bekannt - ist eines der vier grossen keltischen Feste. Die Feier beginnt am Vorabend auf den 1. November, also am 31. Oktober. Diese Nacht wurde früher als Beginn des keltischen Jahres, also als Neujahr gefeiert. Auch wurde diese Nacht in anderen Kulturen als Nacht des Winteranfangs gesehen, als eine der drei Geisternächte *(zur Erinnerung: die beiden anderen sind die Walpurgisnacht am 30. April und die Epiphanie am 6. Januar).* In der Nacht des Samhain-Fests, so sagt man, ist der Schleier zwischen der Welt der

Lebenden und der Welt des Jenseits nur hauchdünn. Wir spüren die *"jenseitigen"* Seelen also ganz nahe und bekommen in jenen Tagen oft klare Botschaften, wenn wir uns intensiv mit ihnen verbinden.

Verbindungs-Ritual

Genau um Mitternacht zünden wir eine Kerze an und zeichnen mit Bleistift einen Mond mit zwei nach innen gekehrten Mondsicheln auf ein Blatt Papier:

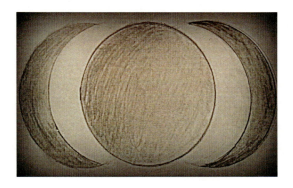

Wir gehen in unsere Mitte und lassen ab diesem Moment alle Bilder und Botschaften zu, die sich uns jetzt vor dem geistigen Auge präsentieren. Den Stift behalten wir - auf das Blatt gerichtet - in der Hand, denn nicht selten kommen auch Botschaften, welche wir in unserer meditativen Ruhe instinktiv aufschreiben.

Das Blatt-Glücks-Ritual

Wer es schafft, am 31. Oktober bis um Mitternacht ein vom Baum fallendes Blatt aufzufangen, bevor es den Boden berührt, hat ein ganzes Jahr lang Glück in verschiedenen Lebensbereichen. Ein wahres Jupiter – Jahr!

Die Bedeutung der Blätter-Farben

Rotes Blatt = Glück in der Liebe
Gelbes Blatt = Glück mit dem Geld
Braunes Blatt = Glück bei der Arbeit

Alle anderen, gemischten Farben bedeuten = allgemeines Glück. Das gefangene Blatt können wir in einem Buch aufbewahren. Dann bleibt das Glück noch präsenter.

Rauhnächte

Den Weihnachtsfeiertagen folgen schon bald die sogenannten Rauhnächte, auch Rauchnächte oder *„Die zwölf heiligen Nächte"* genannt. Der Legende nach geschehen in jenen Nächten mystische Dinge, und die Trennwand zwischen Diesseits und Jenseits ist besonders „dünn" respektive durchlässig. Folgende Rauhnächte erachtet die Hexe als die vier wichtigsten:

21. zum 22. Dezember
Thomasnacht, Wintersonnenwende, längste Nacht des Jahres
24. zum 25. Dezember
Heiliger Abend, Christnacht
31. Dezember zum 1. Januar
Silvester
5. zum 6. Januar
Vigil von Epiphanie, Erscheinung des Herrn, Dreikönigstag

Der 28. Dezember hat auch seine spezielle Bedeutung, in dem dies der Tag der *Wiedergutmachung* ist: gerade nach der Weihnachtszeit, in der oft statt geliebt gestritten wird, ist dies der ideale Tag für Versöhnungsrituale.

Epiphanie-Ritual
In alten Tagen ging das Familienoberhaupt am Vorabend auf den 6. Januar durch alle Räume des Hauses, eine Schale mit Weihrauch in den Händen, und reinigte die Energie des Hauses mit Gebeten. Man soll in diesen Tagen den Ahnen sehr nahe sein, mit ihnen Kontakt aufnehmen können, verzeihen und danken. Anbei ein nützliches und effektives ***Reinigungsritual für den Dreikönigstag***:

Wir brauchen ein feuerfestes Gefäss (Feuerschale, Pfanne oder ähnlich), ein Stück Kohle, getrockneten Salbei oder Weihrauch. Der 6. Januar ist eine der bedeuteten Hexen-Rauhnächte, auch genannt Epiphanie (Erscheinung), auch besser bekannt als Dreikönigsfest. Abends um genau 18 Uhr nehmen wir ein ausgiebiges Bad und reinigen zuerst uns selber. Alles, was nicht mehr zu uns gehört, lassen wir mit dem Wasser abfliessen und bekleiden uns danach mit frischen, weissen Kleidern.

Wir zünden die Kohle in der Schale an und legen nach und nach den getrockneten Salbei darauf. Beim Wohnungseingang *rechts beginnend* räuchern wir die Wände und Ecken aus und gehen so durch die ganze Wohnung. In Gedanken unterstützen wir diesen Reinigungsprozess. Wenn wir um die ganze Wohnung herum und wieder beim Eingang sind, stellen wir die Feuerschale draussen vor die Eingangstür. Nun durchlüften wir die Wohnung zehn Minuten lang und begleiten die negativen, weichenden Energien mental nach draussen.

Die verglühte Kohle sollte am folgenden Tag in ein fliessendes Gewässer gegeben werden (nicht in die Toilette!), zum Beispiel in einen Bach, einen Fluss, oder einen See. Danach setzen wir uns vor eine brennende rote Kerze und lassen uns in dieser neuen Reinheit sanft in unsere Mitte gleiten. In Ruhe und Vertrauen warten wir, ob es jemanden aus der geistigen Welt gibt, der uns etwas mitteilen möchte. Wir lauschen auf Gefühle, Gedanken, Gerüche, die kommen mögen, oder auf plötzliche Eingebungen. Wir lassen uns in dieser magischen Nacht in andere Welten führen und hören auf deren Botschaften.

Wir bleiben solange in dieser meditativen Ruhe, bis wir das Gefühl haben, es sei gut so, es sei vollbracht. Dann erst kehren wir wieder zurück ins Hier und Jetzt und lassen die neue Reinheit und Ruhe noch in uns weiterwirken.
„So sei es!"

Die Monatsnamen & ihre Energien

Unsere Monatsnamen finden ihren Ursprung bei den alten Römern. Sie sind dem Latein entliehen und können deshalb leicht verstanden und erklärt werden:

Januar: Benannt nach dem altrömischen Gott Janus, dem Doppelgesichtigen. Ein Gesicht schaut nach vorn (in die Zukunft), eines nach hinten (in die Vergangenheit).

Februar: Namensgeber ist der römische Gott Februs. Das Verb *februare* bedeutet auf lateinisch reinigen. Im Rahmen des Februar-Fests wurden Reinigungs- und Sühnerituale durchgeführt.

März: Der März ist dem römischen Gott Mars gewidmet, dem Gott des Krieges. Er zeigt den Beginn des Frühlings an, symbolisiert die Kraft der Natur und war ursprünglich der erste Monat des neuen Jahres.

April: *aperire* bedeutet auf Latein öffnen. Dies soll im übertragenen Sinne das Sich-Öffnen und Aufblühen der Natur im Frühling darstellen.

Mai: Der Mai ist nach der römischen Göttin Maia benannt, deren Fest im alten Rom selbstredend im Mai gefeiert wurde. Maia war die Göttin des Gewinns, der Mutter Erde und des Wachstums.

Juni: Benannt nach der römischen Göttin Juno. Sie ist die Gattin des Jupiter und somit die höchste Göttin. Ihr Name steht für die Kraft der Geburt, der Ehe, der Fürsorge und des Heims.

Juli: Der Juli wurde nach dem römischen Kaiser Julius Caesar benannt, da dies sein Geburtsmonat war. Caesar stand für das Ego, die Sonne und das Selbstbewusstsein.

August: Benannt nach dem römischen Kaiser Augustus, der im August nicht nur geboren wurde, sondern auch starb.

September: „Septem" bedeutet auf Latein *der Siebte*, womit hier der siebte Monat des Jahres gemeint ist.

Oktober: Der Begriff Oktober stammt von *octo*, der lateinischen Bezeichnung für die Zahl Acht. Dies bezeichnet den achten Monat des Jahres.

November: Das Wort November leitet sich ab von der lateinischen Zahl Neun: *Novem*. Interessant ist die Analogie zwischen der Zahl neun und dem Wort „neu" in verschiedenen vom Indogermanisch abstammenden Sprachen. Eine Theorie besagt, dass man mit je vier Fingern einer Hand abgezählt und bei neun stets neu angefangen hat zu zählen. Französisch neuf/neuf, Deutsch neun/neu, Italienisch nove/nuovo, Spanisch nueve/nuevo.

Dezember: Der Dezember leitet sich von dem lateinischen Wort *decem* ab, welches Zehn bedeutet und für den ursprünglich zehnten Monat des Jahres stand.

Innerhalb der einzelnen Monate gilt eine *Hexische Faustregel*: Vom Vollmond zum Neumond werden unerwünschte Dinge losgelassen und weggehext. Vom Neumond zum Vollmond werden erwünschte Dinge herangezogen, herangehext.

Die Wochentage & ihre Entsprechung

Wie bei den Monaten, so gibt es auch zu jedem Wochentag ganz bestimmte Entsprechungen, Analogien und Energien, die man für Rituale ‚*massgeschneidert*' nutzen kann.

Montag: Mond-Tag
Intuition, Gefühle, Heim, Familie
Dienstag: Mars-Tag
Kampf, Konflikt, Macht, Wandel
Mittwoch: Merkur-Tag
Gespräche, Intellekt, Handel, Geschäft
Donnerstag: Jupiter-Tag
Freiheit, Weite, Glück, Wohlstand
Freitag: Venus-Tag
Liebe, Freundschaft, Finanzen
Samstag: Saturn-Tag
Ordnung, Disziplin, negative Energien bannen
Sonntag: Sonne-Tag
Erfolg, Familie, Liebe, Hobby, Berufung

Je mehr Analogien zu den verschiedenen Monaten, den Wochentagen und den Feiertagen wir kennen, desto „*massgeschneiderter*" können wir unsere magischen Rituale durchführen! Wer sich in der Astrologie auskennt, kann natürlich auch andere Konstellationen - die Hexe nennt diese Planetenstunden - miteinbeziehen.

HEXENEINMALEINS

Bekannt geworden durch *Goethes ‚Faust'*, sei dieses berühmte Gedicht im Originalwortlaut wiedergegeben: der teuflische *Mephisto* führt den Doktor Faust in eine *„Hexenküche"*, um ihm dort einen Verjüngungstrank zu brauen. Dabei spricht die Hexe unter allerlei Spektakel folgenden *Zauberspruch:*

„Du musst versteh'n!
Aus Eins mach Zehn,
Und Zwei lass geh'n,
Und Drei mach gleich,
So bist Du reich.
Verlier die Vier!
Aus Fünf und Sechs,
So sagt die Hex',
Mach Sieben und Acht,
So ist's vollbracht: Und Neun ist Eins,
Und Zehn ist keins.
Das ist das Hexen-Einmaleins!"

Wer Spass an der Auflösung hinter diesem *„Einmaleins"* hat, findet verschiedene spannende Erklärungen im Internet. Denn Goethe selbst äusserte sich zu Lebzeiten nicht zum Sinn oder zu der Auflösung dieses Hexenrätsels.

MAGISCHE ZAHLEN

Wer sich mit Numerologie beschäftigt, weiss um die verborgene Symbolik und die Macht der Zahlen. Zahlen sind eine Sprache für sich, beinhalten ihre ganz eigene Magie. Die Numerologie sei hier jedoch nur gestreift, weil sie den Rahmen dieses Buches sonst sprengen würde. Wir beschäftigen uns hier nur mit jenen Zahlen, die für die Hexe und ihre Rituale von Bedeutung sind. Die moderne Hexe braucht in der Regel am häufigsten folgende *drei Zahlen*, um diese wirkungsvoll in ihre Rituale einfliessen zu lassen. Diese Zahlen sind die Zwei, die Vier und die Acht.

Die Zwei repräsentiert die *Dualität*. Wir leben in einer dualen, polaren Welt. Licht und Dunkel, oben und unten, links und rechts, innen und aussen. Alles, was im Licht steht, hat auch einen Schatten. So jeder Mensch, jedes Lebewesen, jede Angelegenheit, einfach alles. Nur im Wissen um diese Dualität, die wir im Leben oft im *„Spiegel"* präsentiert bekommen, können wir das Universum verstehen.

Die Vier trifft man in fast jeder Kultur in ihren diversen Formen: Kreuze, Vierecke, Quadrate, die vier Elemente, die vier Jahreszeiten, die vier Himmelsrichtungen, usw. Die Vier symbolisiert den *„soliden Boden"* (einer Sache), wie die vier Grundmauern eines Hauses. So ist die Vier auch in den Tarot Karten die Karte des Herrschers, des starken und weisen Mannes, der alles im Griff hat, weil er alle vier Elemente in sich vereinigt. Die Kraft des Feuers, die Intelligenz der Luft, die Sicherheit der Erde und das Gefühl(volle) des Wassers.

Die Acht ist die Zahl der *Wandlung,* die Lemniskate, die Unendlichkeit, die karmische Zahl. Sie wird in Ritualen eingesetzt, wo wichtige Wandlungen angestrebt werden, wie Loslassen von alten Geschichten und Verstrickungen, alten Gelübden. Natürlich sind auch die anderen Zahlen wichtig und werden in der Nummerologie nicht minder gewertet. Hier ein kurzer Überblick über die **Bedeutung der Grundzahlen**:

0: die Vollkommenheit, die Leere, die Ewigkeit, die Stille, das Eine und Alles.

1: der Anfang, die Idee, die Unabhängigkeit, das Individuelle, die Führung, die Einheit, Yang.

2: die Dualität, das Du, die Partnerschaft, die Anpassungsfähigkeit, Yin.

3: die Kreativität, das Wortgewandte, der Ausdruck, das Soziale, das Kommunikative, die Lebensfreude.

4: die Ordnung, die Konzentration, das stetig Wachsende, die Grenzen, der Aufbau, die Stabilität.

5: die Freiheit, das Abenteuerliche, die Liebe, das Spiel, die Kunst, das Konstruktive.

6: die hohen Ideale, die Schönheit, die Gerechtigkeit, der Ausgleich, die erotische Liebe.

7: das Vertrauen, die Innenschau, der Aufbruch, das Bewusste, das Alleinsein, das In-sich-gehen.

8: die Selbstbeherrschung, die Anerkennung, der Einfluss, der Erfolg, die Gerechtigkeit, die Materie, die Wandlung der Wertvorstellungen.

9: das Neue, die Integrität, die Weisheit, die Verbindlichkeit, die geistige Freiheit, die Führung.

Kerzenfarben & ihre Bedeutung

Auch Farben sind Energien. So bringt auch jede rituelle Kerze ihre ganz eigene Farbe und Energie mit sich. Anbei eine kurze Übersicht über die Farben und ihre Wirkung:

Weiss: kann überall eingesetzt werden. Eine Art ‚Joker'.
Cremefarben: geeignet für sanfte, feine und kreative Rituale.
Rot: für die Liebe, die Leidenschaft, für Mut und Durchsetzung.
Orange: für Themen des Alltags, für berufliche Themen.
Braun: Rituale der Freundschaft und des Umfelds.
Gelb: Ideen, Verstandsfragen, Intellekt/ Kopfangelegenheiten.
Grün: Materie, Geld; alles was wachsen soll. Gesundheit.
Blau: Ehrlichkeit, Weisheit, Frieden, Ausgleich.
Violett: Spiritualität; Angelegenheiten, wo weises Handeln wichtig ist.
Schwarz: negative Energie bannen. Wird selten eingesetzt.
Silber und Gold: Geldritual; Übersinnliches.

Um die Grundenergie der Kerzen zu fördern, ziehen wir sie vor dem Gebrauch durch Salzwasser, um sie von allen Fremdenergien zu reinigen, die sie auf dem Weg zu uns aufgenommen haben. Noch weiter verstärken können wir die Energie der Kerze, wenn wir sie mit entsprechenden Ölen (*siehe Kapitel „Rituelle Öle"*) einreiben und im Schutzkreis am Altar segnen. Während wir die Kerze einölen, konzentrieren wir uns auf das Thema, den Zweck des Rituals.
Ein weiteres magisches Element ist, unser Ziel als Symbol oder Schrift in die Kerze zu ritzen (z.B. Liebe oder Erfolg). *Wünsche* werden in die obere Hälfte geritzt, *Unerwünschtes (das wir loswerden möchten)* in die untere Hälfte.

Die Kerze ist so nun für das Ritual einsatzbereit. Nachdem man ein bestimmtes Ritual durchgeführt hat, ist es oft ratsam, die Kerze täglich für eine Stunde brennen und die Energie des Rituals so weiter wirken zu lassen.

Gewisse Kerzenrituale sollten über mehrere Tage wiederholt werden, weil auch bei Ritualen oft der Grundsatz *„steter Tropfen höhlt den Stein"* gilt. Bei einem Ritual mit dem Zweck, Gewicht abzunehmen, können die überschüssigen Pfunde genau wie die Kerze täglich nach und nach dahinschmelzen. Auch Suchtverhalten, ungesunde oder hinderliche Denkmuster und dergleichen brauchen oft ihre Zeit, bis wir sie ganz losgeworden sind und sie durch neue, positive Verhaltensweisen ersetzt haben.

Ritual-Kerzen sollten an einem Platz stehen, wo sie auch stehenbleiben dürfen, am besten an einem ruhigen Ort, wo sie ihre stille Kraft ungestört entfalten können. Wäre dies ein amerikanisches Buch müsste ich jetzt noch erwähnen, dass Kerzen nie neben Vorhängen oder anderen brennbaren Gegenständen brennen dürfen und schon gar nicht, wenn wir uns nicht im Raum aufhalten. Doch die klugen LeserInnen dieses Buches wissen dies zum Glück schon längst…

Rituelle Öle

Folgende Öle können zu jedem Ritual verwendet werden. Sie wirken neutral und harmonisch: *Rosenholz, Geranium, Patschuli, Sandelholz und Rose.* Die Basis für viele Öle finden wir im eigenen Garten oder Kräutertopf. So können rituelle Öle zum Beispiel aus folgenden Kräutern gewonnen werden: Minze, Lavendel und Wermut. Nicht vergessen: *selbst hergestellte Öle wirken am stärksten!*

Die **Herstellung** ist oft denkbar einfach:
Die Blätter des Krautes geben wir in ein dicht schliessendes Gefäss *(z.B. Marmeladenglas)* und übergiessen diese mit Öl *(z.B. Mandelöl, Rapsöl, Jojobaöl).* Das Gefäss wird dann verschlossen und in einem Wasserbad sanft erhitzt. Am besten, man kocht das Wasser für einige Minuten heiss auf und lässt dann die im Glas eingeschlossenen Kräuter samt Öl etwa dreissig Minuten auf kleiner Flamme köcheln. Danach lässt man das Gefäss abkühlen und filtert das Kräuter/Ölgemsich mit einem Küchentuch oder einem sehr feinen Sieb drei bis fünf Mal. Fertig!

Minzöl
Am besten verwenden wir für das Minzöl die Grüne Minze, auch Speerminze (engl. Spearmint) genannt, die man ohne grossen Aufwand im eigenen Hexengarten wachsen lassen kann. Die Grüne Minze wird den Planeten Jupiter und Venus zugeordnet, die für Themen wie Glück und Wohlstand stehen. Am effektivsten werden Rituale dieser Natur am Donnerstag, Freitag oder Sonntag durchgeführt. Für intensive Rituale, in denen wir im höchsten Bewusstsein arbeiten, keine Pfefferminze, sondern nur Grüne Minze verwenden, da Pfefferminze eher abweisend als einladend wirkt.

Lavendelöl
Lavendel reinigt und schützt Mensch und Haus. Der Duft entspannt und gleicht aus. Lavendel stärkt die Intuition, zieht gute Geister und Mächte an und hält Negatives fern. Lavendel wird den Planeten Merkur und Jupiter zugeschrieben, womit er sich für Rituale an den Wochentagen Donnerstag und Sonntag eignet.

Wermutöl
Wermut wird verwendet um sich mit den Ahnen oder den Geistern der Verstorbenen zu verbinden. Es stärkt auch die Kräfte der Weissagung und der Hellseherei. Wermut wird dem Mond und dem Planeten Mars zugeordnet. Da Wermut Thujon enthält *(ein Nervengift, das auch im Absinth vorkommt)*, ist in der Schwangerschaft davon abzuraten, dieses Öl zu verwenden!

Jasminöl
Jasminöl wird meist stark verdünnt erworben, da es in seiner naturreinen Form sehr teuer ist. Es gibt verdünnte Öle *(auf Jojobaöl Basis)*, die mit echtem Jasminöl hergestellt werden. Die Planeten Mond und Venus sind dem Jasmin zugeordnet, was schon darauf hindeutet, dass es oft für Themen wie Liebe und Erotik verwendet wird.

Jasmin-Wunschritual
Eine cremefarbene Kerze mit Jasminöl wie oben beschrieben einreiben und von den Energien der vier Elemente segnen lassen. Auf ein Blatt Papier schreiben wir unseren Wunsch auf und legen ihn unter die Kerze, die wir dann gleich anzünden und täglich einige Stunden brennen lassen.

Ja oder Nein – die Herzensentscheidung

Wir stehen in einen Türrahmen, und zwar so, dass unser Hinterkopf ziemlich nahe *(ca. 30cm)* vom Rahmen entfernt ist. Wir konzentrieren uns auf unsere Frage, bilden mit unseren Handflächen eine Muschel, *„legen die Frage geistig in die Muschel"* und lassen sie einen Moment lang wirken.

Anschliessend legen wir beide Hände auf unser Herz und lassen unseren Körper zum Pendel werden, übergeben uns vertrauensvoll der Energie der richtigen Entscheidung. Pendelt unser Körper nach *vorne,* bedeutet dies *„Ja".* Pendelt er nach *hinten,* bedeutet dies *„Nein".*

Warum der Türrahmen? Ganz klar, aus praktischen Gründen! Beim Vorwärtspendeln können wir uns mit den Händen vorne abstützen, beim Rückwärtspendeln schützt uns der nahe Türrahmen vor dem Umfallen.

Dieses Ritual hilft uns also bei echten Herzensentscheidungen! Auch Hexen kommen zuweilen in ein Dilemma, wenn es um Entscheidungen geht. Natürlich gibt es auch dafür ein geeignetes Ritual, nämlich ein *Entscheidungsorakel.*

DAS STEINORAKEL

Hier ein einfaches, patentes Orakel, das man immer bei sich tragen und jederzeit einsetzen kann. Man suche sich drei etwa haselnussgrosse Steine in verschiedenen Farben, zum Berispiel weiss, schwarz und grün, oder weiss, schwarz und rot. Bevor man sich für die drei Steine entscheidet, halte man diese in den Händen und fühle sich in den jeweiligen Stein hinein. Während man ihn so hält und fühlt, kommt ein klares Gefühl von „*ja, er passt!*" - oder „*der nächste bitte.*"

In Gedanken ziehen wir jetzt unseren Schutzkreis und erfühlen die Steine erneut, nehmen jeden einzeln in die Hand und fragen ihn: „*Sagst du mir ja, sagst du mir nein, oder gibst du mir keine Antwort?*"

Nach und nach spüren wir nun, welche Farbe zu JA, zum NEIN oder zum „*no comment*"-Stein passt. Die angehende Hexe wird sich nun fragen, ob es einen solch neutralen „*no comment*" Stein, der keine Antwort gibt, überhaupt braucht. Die Antwort ist ja: denn auch für eine Hexe gibt es Dinge, die sie (noch) nicht wissen darf, weil es ihr Schicksal zu sehr beeinflussen würde.

Praktische Anwendung

Wir stellen uns eine Frage, also zum Beispiel: *„Werde ich von meinem Geschäftspartner betrogen?"*

Dabei werfen wir die drei Steine, die wir vorher während der Fragestellung in der geschlossenen Hand schütteln, auf den Tisch und sehen bei welchem Stein der *„no comment"* Stein näher liegt. Beim Ja Stein oder beim Nein Stein? Dieser neutrale Stein gibt dem jeweiligen Ja- oder Nein-Stein das Gewicht, respektive eine klare Antwort! Üblicherweise wird der Stein uns die Wahrheit sagen - aber es kann sein, dass wir die Wahrheit noch nicht erfahren dürfen. Betrügt uns der Geschäftspartner tatsächlich, aber es ist nicht an uns, ihn zu enttarnen. Vielleicht sieht das Schicksal vorerst noch weitere Vorkommnisse vor, die uns am Ende geschäftlich nützlich sein könnten. Wir vertrauen also auch bei diesem Steinorakel der geistigen Welt, dass sie uns *„die richtigen Antworten zur richtigen Zeit"* bringt und dass sie uns so vor *„Fehlwissen"* schützt.

Das Huna-Steinorakel

Ein weiteres Steinorakel stammt aus der hawaiianischen Huna-Philosophie. Dabei kommen sieben verschiedenfarbige (Edel-) Steine zur Anwendung:

Rot: Die Welt ist, wofür du sie hältst.
Orange: Es gibt keine Grenzen.
Gelb: Energie folgt der Aufmerksamkeit.
Grün: Jetzt ist der Augenblick der Macht.
Türkis: Liebe heisst, glücklich sein mit ...
Blau: Alle Macht kommt von innen.
Violett: Wirksam ist das Mass der Wahrheit.

Wenn wir mit allen Steinen zusammen arbeiten wollen, dann nehmen wir einen weissen, neutralen Stein dazu und werfen alle Steine zusammen auf den Tisch. Da wo der *weisse Stein* am nächsten zu einem farbigen zu liegen kommt, zeigt sich, wie wir uns in einer gewissen Situation verhalten sollen.

	Was du tun sollst	*was dich hindert*
Roter Stein	Achtsamkeit	Ignoranz
Oranger Stein	Freiheit	Begrenzung, Stress
Gelber Stein	Konzentration	Verwirrung, Chaos
Grüner Stein	Hier und Jetzt	Konflikt, Verzögerung
Türkis Stein	Liebe	Hass, Wut
Blauer Stein	Kraft, Zuversicht	Angst, Zweifel, Sorgen
Violetter Stein	Harmonie, Flexibilität	Disharmonie

Das *Huna-Steinorakel* soll und kann nur mit sogenannten *W-Fragen* durchgeführt werden, denn es gibt keine Ja/Nein-Antworten. W-Fragen sind Fragen, die mit einem W-Wort beginnen, also mit einem Fragewort, dessen Anfangsbuchstabe „*W*" lautet.

warum?
weswegen?
wie?
wieso?
wer?

Rund ums Geld

Vielleicht lebten gewisse Hexen in früheren Zeiten ohne Geld. Heute jedoch wäre es eine Illusion zu glauben, dass es ganz ohne geht. Beim Thema Geld ist es zuallererst wichtig zu erkennen, wie wir dazu stehen, denn Geld polarisiert. Die einen können nicht genug davon kriegen, für die anderen ist es ein Fluch, der *"schnöde Mamon."* Rund ums Geld gibt es viele interessante Betrachtungen, zum Beispiel zum Begriff *"Geldschein."* Ist Papiergeld also nur ein Schein, und der Schein trügt? Dann gibt es die vielen (oft negativen) **Glaubenssätze** wie:

- *Geld allein macht nicht glücklich*
- *Mit Geld kannst du dir ein Haus, aber kein Heim kaufen*
- *Geld korrumpiert den Charakter*
- *Geld stinkt*
- *Geld kommt vom Teufel*

Solche negativ geprägten Glaubenssätze können, wenn es um den Geld-Fluss geht, eine richtige Staudammwirkung haben. Sie halten das Geld von uns fern - und machen das Thema damit oftmals wichtiger, als es wäre. Die naturverbundene Hexe glaubt, wie bereits erwähnt, an das Gleichgewicht der Natur. Wenn jemand sein Leben lang immer völlig abgebrannt ist oder Geld hortet wie Dagobert Duck, dann stimmt das Gleichgewicht wohl kaum. Unsere persönliche Haltung zum Geld bestimmt also weitgehend, wie das Geld in unser Leben fliesst - oder eben nicht. Seit das Geld erfunden wurde zeigt uns die Realität, dass Geld ein Mittel zum Zweck ist, und hinter dem Zweck stecken viele unserer Ziele. Es ist nur menschlich, sich Wünsche erfüllen zu wollen, Bedürfnisse zu stillen. Geld ist somit - wie alles auf dieser Welt - weder gut noch schlecht. Es ist ein Instrument, und ein Indikator unserer eigenen Haltung zu diesem Thema.

Das Geld alleine nicht glücklich macht, weiss mittlerweile jedermann, denn sonst wären alle Millionäre glücklich, was sie ganz offenbar nicht sind. Alle armen Menschen wären sodann unglücklich, was genau so wenig stimmt. Alles Indizien, die darauf hinweisen, dass Geld zumindest nicht der entscheidende Faktor ist, um glücklich zu sein. Eine Abneigung hingegen ist nicht gerechtfertigt. Wenn ein „*Reicher*" einen schlechten Charakter hat, dann liegt die Ursache nicht beim Geld, sondern in seiner Lebenseinstellung! Wenn wir uns innerlich reich, in der Fülle fühlen, dann ziehen wir jede Art von Fülle auch von aussen an.

Die grosse Kunst ist es also, sich zuerst einmal reich und „*in der Fülle*" lebend zu fühlen, statt zu jammern, dass Geld „*alle unsere Probleme lösen würde.*" Wir können unser Denken bezüglich Geld daher ruhig ins Positive lotsen, mit folgenden **neuen Glaubenssätzen**:

- *Mit Geld kann ich alles kaufen*
- *Geld fühlt sich gut an*
- *Mit Geld kann ich meine Lebensqualität verbessern*
- *Geld ist positiv*
- *Geld gehört zu mir*
- *Mit Geld kann ich mich weiterbilden*
- *Mit Geld kann ich so wohnen, wie ich es mir wünsche*
- *Mit Geld kann ich anderen Gutes tun*

Anbei ein paar *Geldrituale,* die den Geldfluss befördern:

Geldorakel und Geldrituale
Rituale, die mit Materie, Fülle und Geld zu tun haben, wirken von Neumond bis Vollmond am stärksten: also während jener Zeit, in welcher der Mond wächst. Ideale Tage sind der Donnerstag und der Sonntag (Planeten Jupiter und Sonne). Was unbedingt auf den Altar gehört ist unsere Glücksschale, die wir selber anfertigen. Für unsere zukünftigen materiellen Wünsche gestalten wir eine spezielle Schale aus Lehm. Dafür braucht man einen Klumpen Lehm, eine Schüssel voll Wasser und ein Holzstäbchen.

Wir gehen in unseren Schutzkreis und weihen unsere Utensilien. Dann formen wir den Lehm zu einer Schale ganz nach unserer intuitiven Vorstellung und sprechen dabei folgende Worte: *„Diese Schale sei das Gefäss, das Fülle und Wohlstand für mich sammelt und in mein Leben bringt."*

Der Spruch kann natürlich individuell angepasst werden. *Mehrfaches Wiederholen ist wichtig.* Wie immer ist das Gefühl dabei das Wichtigste: das tiefempfundene Gefühl, dass wir bereits in Fülle und Reichtum leben. *Jetzt!* Mit den Holzstäbchen können wir nun die Symbole der Planeten Jupiter und Sonne in die Schale ritzen. Natürlich sind auch andere Glückssymbole willkommen, z.B. Glückszahlen, Glückstage. Sobald wir fertig sind, stellen wir die Tonschale auf den Altar und segnen sie mit den Kräften der Elemente und mit der höchsten Kraft, mit der wir uns auch sonst während unseren Ritualen verbinden. Auch hier sprechen wir die magischen Worte, die diesen Segen bekräftigen:

„Ich rufe euch zu mir, Mächte des Himmels. Segnet meine wundervolle Schale hier und jetzt. Möge sie durch eure Kraft geschützt sein und mich bereichern mit positiver, leuchtender Energie!"

Mit diesem Spruch gehen wir *im Uhrzeigersinn* um den Altar, bedanken uns bei den Elementen und bitten sie um ihre Kraft und ihren Segen. Wir bedanken uns auch bei den Geistern der vier Himmelsrichtungen und öffnen wieder unseren Kreis. Die Schale lassen wir zum Trocknen auf dem Altar stehen. Auch für Wünsche, die wir so *‚nebenbei'* wachsen sehen möchten, können wir jeweils Zettelchen oder Symbole in die Schale legen, da diese nun mit der Kraft der Fülle und des Reichtums *„aufgeladen"* ist.

Laut Hexengesetz sollten wir uns Geld nur dann *„magisch"* herbeiwünschen, wenn es dringend für eine bestimmte Sache nötig ist. Ansonsten wäre das Natürlichste, dass das Geld dank unserem Denken, unserer Grundhaltung stets in der genau richtigen Menge zu uns fliesst, ganz von alleine. *(Weitere Geldrituale finden sich in meinem Buch „Rituale im Alltag").*

Wenn wir auf der Strasse ein Geldstück finden, machen wir uns bewusst, dass dies kein Zufall ist: diese Münze wollte zu uns! Wir heben die Münze auf, nehmen sie in die linke Hand und sagen uns in Gedanken: *„Danke, dass mir diese Münze zugefallen ist."*

Nun machen wir uns bewusst, dass Materie – und somit auch Geld – zu dieser Welt gehört, dass sie weder überbewertet noch abgelehnt werden soll. Zudem ist Geld eine Energie, die fliessen soll (man spricht ja auch vom Geldfluss). Und so gebe ich diese Münze freudigen Herzens in den Geldfluss zurück, werfe sie über die linke Schulter hinter mich und denke: *„Möge demjenigen, der diese Münze findet, Glück und Geld zufliessen!"*

Wachstum des Geldes
Wir benötigen für dieses Ritual:

- *Einen Handspiegel*
- *Eine goldene Kerze*
- *Einige Münzen*

Dieses Ritual machen wir an einem Sonntag, idealerweise kurz nach Neumond. Wir bereiten wie üblich unseren Altar vor, verbinden uns mit der höchsten Kraft und den vier Elementen und zünden die goldene Kerze auf dem Altar an. Dorthin legen wir auch den Handspiegel und verteilen die Münzen auf dem Spiegel sowie rundherum. Wichtig ist, dass wir das Geld nicht zählen. Wir gehen in eine meditative Ruhe und sagen: *„Danke für das Geld, das ich nun erhalte, es bereichert und erfreut mich. Danke, danke, danke! So sei es!"*

Im Schein der Kerze fühlen wir uns in den neuen Reichtum hinein, machen uns bewusst, dass wir ihn bereits haben. Nun öffnen wir den Kreis und geben die ganze Freude, die wir gesammelt haben, gedanklich in die Münzen. Diesen Zauber wiederholen wir am Tag darauf, legen aber noch eine Handvoll Münzen zusätzlich auf den Altar. Wir zünden die Kerze jeden Tag um etwa dieselbe Zeit wieder an und legen jeden Tag ein Häufchen mehr Geld auf den Altar. Der Zauberspruch wird jeden Tag wiederholt, samt den Dankesworten für den Reichtum, der tagtäglich wächst.

Wir können das Ritual verstärken, in dem wir am Montag eine cremefarbene Kerze nehmen, am Dienstag eine rosafarbene, am Mittwoch eine rote, am Donnerstag eine grüne, am Freitag eine blaue und am Samstag wieder die goldene Kerze. Danach lassen wir die Münzen noch bis zum nächsten Sonntag liegen. Am Sonntagabend legen wir die Münzen in eine schöne Schachtel *(ideal wäre eine kleine Schatztruhe)* und stellen diese in die Geldecke unseres Zimmers: das kann ein ernannter Geld-Platz sein, oder die Stelle, wo wir unsere Geldangelegenheiten erledigen.

Geldrituale - verstärkt durch die Elemente
Jedes der *vier Urelemente* besitzt bestimmte Eigenschaften und Merkmale sowie eine eigene Symbolik, die man sich im Umgang mit der Magie zunutze machen kann. Anbei ein paar Beispiele, wie wir die Elemente in unsere Rituale miteinbeziehen können:

Geldritual - unterstützt vom Element Erde
Ein Erd-Ritual, ist während der Zeit unserer drei Erd-Zeichen (Stier, Jungfrau und Steinbock) besonders effizient. Führen wir dies noch während dem erd-betonten Neumond durch, wird es weiter verstärkt.

Das Ritual: Wir vergraben eine Münze kurz vor 21 Uhr abends in einem von uns bevorzugten Blumentopf. Wer draussen einen Baum im Garten *(oder in seiner Nähe des Wohnortes)* hat, kann auch diesen verwenden. Eichen eignen sich besonders gut für Rituale. Wir bilden gedanklich den Schutzkreis um uns herum und rufen die Kraft der vier Elemente, speziell die der Erde. Wie wir mittlerweile wissen, ist die Erde das

Element der Materie, und so auch des Geldes. Sie trägt nicht nur uns und unser Haben, sondern sie nährt uns auch. Jetzt geht darum, unsere Saat (= die Münze) so zu pflanzen, dass sie in unsere Richtung wachsen kann. Während wir die Münze einpflanzen, visualisieren wir bereits die Frucht unserer Saat, gross und in voller Fülle. Wir fühlen uns reich und beschenkt - und begleiten dieses Gefühl mit folgendem Zauberspruch: *„Mächtige Erde, lass diese Saat wachsen und gedeihen wie dieser Baum (wie diese Blume/Pflanze), wie auch diese Äste des Baumes zur Krönung führen. So sei es!"*

Diese Kraft des Wachstums, der Sonne und der Fülle können wir in diesem Moment regelrecht in uns spüren. Der Stier-Skorpion Vollmond (als einziger Vollmond – sonst werden Geldrituale stets bei Neumond vollzogen) lässt mit seiner unglaublich fruchtbaren Kraft alles wachsen und gedeihen. So auch das Geld.

Geldritual - unterstützt vom Element Luft

Dies ist das magische Geld-Ritual für die drei Luftzeichen Zwillinge, Waage, Wassermann. Das Ritual läuft analog zum oben beschriebenen Erd-Geldritual ab, nur dass der Zauberspruch folgendermassen lautet: *„Sanft-mächtige Kraft der Luft, die du mir so viele Gedanken und Ideen schenkst - lass diesen Geldgedanken sich materialisieren, lass ihn stärker werden als alle anderen. Schenke diesem Gedanken die ganze Kraft meines Herzens."*

Das luftig-lockere Geldritual

Wir schenken einem Menschen in unserem Umfeld *(einem Nachbar, Kollegen, Freund oder einem Fremden)* eine Euro- oder Franken-Münze. Wir geben sie ihm von Herzen gerne und denken in Gedanken zur Münze hin: *„Schön, dass du bei mir warst. Gehe guter Dinge jetzt in die Welt hinaus - und komm zurück mit ganz viel von deinen Kollegen!"* So nutzen wir die luftigleichte Kraft des Elements Luft. Schnell wie der Wind, locker und flexibel lassen wir nun alle Gedanken los, die unseren Wunsch bremsen könnten.

Geldritual - unterstützt vom Element Feuer
Dies ist das Geldritual für die drei Feuerzeichen Widder, Löwe und Schütze. Wieder führen wir das Ritual analog dem Erd-Geldritual aus und verwenden dazu folgenden magischen Spruch: *„Mächtige Kraft der Sonne, du schenkst mir die Energie des Feuers. Lass dein Licht auf mein Geld leuchten, auf dass es sich in deiner Kraft vermehren kann."*

Ein weiteres Feuer-Geldritual: Wir ritzen in eine Kerze das Wort *„Reichtum"*, *„Gewinn"*, oder auch den Geldbetrag, den wir uns wünschen. Dann legen wir bei Vollmond eine Münze unter die Kerze und lassen diese bis zum Neumond jeden Tag mindestens eine Stunde brennen. Nach Neumond, also zwei Wochen später, nehmen wir die magisch nun aufgeladene Münze in unsere Brieftasche.

Geldritual - unterstützt vom Zeichen Wasser
Dies ist das magische Geldritual für die drei Wasserzeichen Krebs, Skorpion und Fische. Die Durchführung ist analog zum Erd-Geldritual, der Zauberspruch ist hier folgender: *„Gefühlvoller Vollmond, lass dein sanftes Licht auf meine Münze scheinen. So wie du mich berührst, berühre auch diese Münze mit deiner Kraft und lass das Geld so regelmässig wie die Gezeiten zu mir fliessen."*

Wir benötigen für dieses Ritual:

- *Unsere Glücksschüssel*
- *Einen Geldbaum*
(oder eine andere persönliche „Lieblingspflanze")

Wir nehmen einen Kelch oder eine Schüssel und geben Wasser hinein. Diesen Behälter stellen wir draussen auf der Fensterbank oder auf den Gartensitzplatz und lassen ihn die ganze Vollmondnacht lang dort. Das Wasser, das Element der Gefühlswelt, kann unsere geheimsten Wünsche aufnehmen und diese in die Richtung fliessen lassen, wo sie hingehören, in Richtung „*Verwirklichung*". Es schafft eine gute Verbindung zum Gefühl der Fülle und somit auch zum Geld.

Am nächsten Tag begiessen wir unseren Geldbaum *im Uhrzeigersinn* mit dem magisch aufgeladenen Mondwasser und lassen uns überraschen, was in den nächsten Tagen und Wochen in unserem Leben so alles wächst…

Grundsätzlich müssen wir uns bei den erwähnten Ritualen nicht zwingend an unser Sternzeichen halten, um das Entsprechende Element/Ritual zu wählen. Allerdings ist es förderlich und stärkend, das Ritual dem eigenen Sternzeichen *(z.B. Löwe = Feuer-Ritual)* anzupassen.

LOTTORITUALE

Das Lottoritual *(aus meinem Buch „Rituale im Alltag")* ist so beliebt, dass ich es auch in diesem Buch erwähnen möchte. Wir benötigen dazu:

- *1 silberne Kerze (Element Feuer)*
- *1 goldene Kerze (Element Feuer)*
- *1 leerer Lottoschein (Element Erde)*
- *1 kleine Schale mit Wasser (Element Wasser)*
- *1 Feder oder 1 Räucherstäbchen (Element Luft)*
- *1 kleiner (Hand-)Spiegel*
- *Einige goldene und silberne Münzen*
- *1 Pendel (alternativ eine Kette mit Anhänger; dieser sollte jedoch am unteren Ende spitzig sein, denn die Zahlen auf dem Lottoschein sind sehr klein und können nur mit einer Spitze klar angezeigt werden)*

Wir begeben uns in den Schutzkreis. Das Ritual dauert fünf aufeinanderfolgende Tage. Idealerweise wählen wir stets die Zeit zwischen 15 und 19 Uhr. Wir beginnen am Samstag, falls wir *Euromillions* spielen, oder am Freitag, wenn wir beim *Swisslotto* mitspielen.

Jeden Tag pendeln wir eine Zahl aus!

Wir zünden die goldene und die silberne Kerze an, stellen die goldene rechts an den Altar, die silberne links. In die Mitte legen wir den Lottoschein, ebenso die Schale und die Feder *(Räucherstäbchen)*. Den Spiegel legen wir mit der Spiegelfläche nach oben auf den Altar und verteilen die Münzen gleichmässig darauf. Nun gehen wir in Gedanken und im Gefühl intensiv und klar in den Moment, in dem wir gerade von unserem Lottogewinn erfahren haben - und zwar rückblickend, als wäre es bereits geschehen! Wir lassen das Pendel sanft über dem Lottoschein kreisen und gehen gefühlsmässig noch tiefer in den Moment des grossen Gewinns, visualisieren, wie wir das Geld in die Luft werfen, auf uns herunterregnen lassen und dabei in Gefühlen der Fülle schwelgen. Wir machen uns bewusst, dass *„das Universum Fülle ist"*, dass es immer mehr als genug hat, von allem.

Langsam senken wir das Pendel zum Lottoschein, während wir unseren Triumpf gefühlvoll auskosten - bis das Pendel eine Zahl berührt. Dies ist eine der fünf Gewinnzahlen! Wir markieren diese sogleich auf dem Lottoschein.

Dieses Ritual wiederholen wir täglich. Insgesamt fünfmal (resp. sechs Mal), von Samstag (Freitag) bis Mittwoch. Am Donnerstag (= Jupitertag) gehen wir zur Jupiterstunde, nämlich um drei Uhr nachmittags, zur Lotto-Annahmestelle und geben den Glücksschein dort ab.

Wichtig:
Sobald wir ihn abgegeben haben, lassen wir jeden Gedanken an diesen Lottoschein los! Wenn dennoch Gedanken daran kommen sollten *(z.B. „ob ich wohl wirklich gewinne?")*, lassen wir sie an uns vorbeiziehen wie das Wasser eines Flusses. Kein Gedanke darf die Energie des Rituals stören, bis die Ziehung vorbei ist. Und dann... holen wir unseren Gewinn!
„So sei es"!

Intuitives Lottoritual
Hier eine Alternative zum obigen Lotto-Ritual, bei dem wir die Zahlen in uns selbst *„erfühlen"*:
Wir benötigen dazu: *6 Kerzen & gemahlenen Muskat*

Wie immer begeben wir uns in den Schutzkreis und verbinden uns mit den Elementen. Die idealen Tage und Mondphasen sind die gleichen wie im oben beschriebenen Lottoritual. Innerlich ruhig und gelassen lassen wir uns vor dem Altar nieder und schauen direkt in die Kerzenflammen, stellen uns vor, wie jede Flamme sich allmählich zu einer Zahl formt oder eine Zahl in sich aufzeigt. Unsere Intuition unterstützen wir mit folgendem Spruch: *„Grosser Geist der Luft, schicke mir die klare Sicht, die richtige Zahl zu erkennen! Grosser Geist der Materie, schicke mir die Zahl, die mein Geld wachsen lässt. So sei es."*

Diese Zahlen, die wir intuitiv klar wahrnehmen, kreuzen wir auf dem Lottoschein an. Dann streuen wir etwas gemahlenen Muskat auf den Schein und lassen ihn bis zum nächsten Donnerstag auf dem Altar liegen. Kurz vor 15 Uhr bringen wir den Schein zur Lotto-Annahmestelle.

Jupiter-Lottoritual
Ideale Zeit für dieses Ritual: Donnerstag, bei Neumond oder bei zunehmendem Mond (= Wachstum).

Wir benötigen dazu:
- *Ein Stück Wachs oder Knetmasse*
- *Goldene Farbe (z.B. auch Mal- oder Schminkzubehör)*
- *Einen feinen Pinsel*
- *Einen grünen Faden, Zeichenstift und Papier*

Wir gehen in unseren Schutzkreis und bitten die vier Elemente uns beizustehen. Das Stück Wachs *(bzw. die Knetmasse)* formen wir zu einer Kugel und drücken einen gut sichtbaren Daumenabdruck hinein. Damit signieren wir die Kugel, personifizieren sie. Die goldene Farbe pinseln wir auf den Daumenabdruck und zeichnen das *Jupiter-Symbol* darauf.   ♃

Mit dem *grünen Faden* umwickeln wir nun unsere „Jupiter-Kugel" *(Bild: Jupiterkugeln der Teilnehmer Hexenseminar 2014)* oder wir machen eine Kette daraus. Wir sprechen folgende Worte:

> *„Jupiter, Träger von Fülle und Glück*
> *Fest an mein Herz ich dich drück*
> *Auf dich kann ich zählen*
> *Du wirst die richtigen Zahlen für mich wählen!*
> *Eins, zwei, drei, vier –*
> *welche Zahlen zeigst du mir?"*

Die Zahl, die uns jetzt in den Sinn kommt, wird auf dem Lottoschein angekreuzt und *„Eins, zwei, drei!"* kommt die nächste Zahl - und so weiter, bis wir alle Zahlen haben. Unser Jupitersiegel bewahren wir gut auf, für alle Rituale, in denen uns Jupiter Glück bringen soll.

ZWÖLF KURZE GELDRITUALE

Kurzrituale bezeichnet die moderne Hexe auch als *Instant-Magie*, kurze Rituale *„für die kleine Hexerei zwischendurch."* Die folgenden Kurzrituale werden grundsätzlich *bei Neumond* durchgeführt. Die grosse, kraftvolle Ausnahme ist der Vollmond auf der Stier-Skorpion-Achse *(siehe im Mondkalender).*

GELD-SAAT
Wir nehmen eine Münze und wickeln sie in roten oder goldfarbenen Stoff. Sobald es draussen dunkel wird, gehen wir hinaus ins Freie und suchen uns einen Baum, der uns anspricht. Wir gehen an die Nordseite des Baumes und vergraben dort unsere Münze mit den Worten: *„Mutter Erde, dies sei ein Geschenk an dich. Lass es wachsen und gedeihen - und bring es in Fülle an mich zurück! So sei es!"*

Eine andere Version dieses Rituals ist **„Die magische Büchse"**: Wir benötigen dazu:
- *Eine leere Büchse (10-15cm hoch, z.B. eine Konservenbüchse)*
- *Bilder und Symbole von Dingen, die wir uns wünschen*

Nachmittags um genau 15 Uhr gehen wir in den Schutzkreis und rufen die vier Elemente auf. Nun legen wir die Bildchen und Symbole in die Büchse und stellen diese für ein paar Stunden auf den Altar. Am Abend oder frühmorgens bei Neumond nehmen wir unsere Büchse vom Altar, gehen ins Freie, suchen uns einen Baum, stellen uns an die Nordseite, visualisieren alle unsere Ziele nochmals - und vergraben dann die Büchse mit den Worten: *„Mutter Erde, dies sei ein Geschenk an dich. Lass es wachsen und gedeihen - und bring es in Fülle an mich zurück! So sei es!"*

BLUMENTOPF-RITUAL

Bei Neumond schreiben wir mit rotem Stift auf ein Blatt Papier, was wir erreichen möchten und wann. Dieses Blatt falten wir klein und vergraben es einige Minuten vor 21 Uhr in einem Blumentopf. Nun zählen wir auf drei und sagen: *„Wachse, gedeihe und werde gross, falle vom Himmel in meinen Schoss. So sei es!"*

EICHEN-RITUAL

Bei Neumond nehmen wir eine Münze in die linke Hand und gehen in den Park. Sobald wir eine Eiche sehen, werfen wir die Münze über die linke Schulter hinter uns und gehen weiter, ohne uns umzudrehen. Dabei denken wir intensiv: *„Ich wünsche dem Finder alles Glück der Erde! So sei es!"*

GLÜCKSKETTEN-RITUAL

Dies ist ein besonders schönes, sympathisches Ritual! Wir gehen in ein Café, ein Restaurant oder eine Bar und wählen eine Person aus, die ausstrahlt, dass sie eine gute Portion Glück vertragen könnte *(oder verdient hat)*. Wir bestellen dieser Person nun ohne uns selbst preiszugeben z.B. einen Kaffee, ein Bier, oder ein Glas Wein. Den Kellner bitten wir, dieses Geschenk samt unserer *„magischen Botschaft"* zu überbringen, sobald wir entweder das Lokal verlassen haben oder in der Menge *„unsichtbar"* bleiben *(und allenfalls die Freude beobachten)* können. Denn unsere Botschaft bringen wir zu diesem Ritual in das entsprechend Lokal mit: ein kleines Blatt Büttenpapier mit folgendem Text: *„Dieses Geschenk bringt dir grosses Glück! Geniesse es - und gib dieses Blatt samt einem kleinen Geschenk an eine Person deiner Wahl weiter, ohne dich selbst erkennen zu geben. Solange diese Glückskette intakt bleibt, fliesst das Glück zu all jenen, die daran beteiligt sind!"*

DOLLAR-RITUAL

Wir benötigen eine weisse Rechaud-Kerze (= Teelicht) und ein kleines Blatt Papier. Darauf zeichnen wir das *Dollarzeichen*. Wir streuen eine Prise Salz darauf und stellen dann die Kerze drauf. Um genau 22 Uhr an Neumond zünden wir die Kerze an mit den Worten: *„Licht, Feuer, Wärme sei mit dir - alles, was du zum Wachsen brauchst! So sei es!"* Dieses Ritual unterstützt den Geldfluss, vor allem auch bei internationalen Finanzaktionen!

GELDSCHIFF

Auf einen Papierbogen zeichnen wir alles drauf, was unser Herz begehrt. Wir streuen eine Prise Salz auf das Papier, falten es zu einem Schiffchen und bringen es am Tag des Neumondes an einen Fluss, Bach oder See. Wir legen das Schiff ins

Wasser und lassen es los mit den Worten: *"Das Wasser ist dein, lass es fliessen, die Erde ist mein, lass die Saat spriessen!"* Ein ganz einfaches Schiffchen, wie wir es von unserer Kindheit kennen, genügt vollkommen!

STERN-RITUAL

Am Neumondtag schneiden wir uns einen *fünfzackigen* Stern aus und schreiben auf jeden der fünf Zacken einen Wunsch auf. Um noch stärkere Energie hineinzubringen, können wir ihn noch mit x-beliebigen Glückssymbolen verschönern.  Dann falten wir jeden Zacken in der Mitte um, falten den Stern zusätzlich dreimal weiter zu einem kleinen Päckchen, das wir von Neumond bis Vollmond nahe an unserem Körper tragen, zum Beispiel im BH oder in den Socken. Am Abend des Vollmondes nehmen wir den Stern heraus, falten ihn auf und reissen *ohne hinzuschauen* (!) einen Zacken ab mit den Worten: *"Dies ist der Herzenswunsch, der in Erfüllung geht. So sei es!"*

GOLDKERZEN-RITUAL

Am Abend des Neumondes zünden wir eine goldene Kerze an und schreiben mit rotem Stift auf ein Blatt Papier unseren Wunsch *"in einem einzigen Wort"* auf. Um genau 22 Uhr umkreisen wir dieses Wort stetig mit dem Rotstift, fühlen uns in das Glücksgefühl des erreichten Zieles hinein, umkreisen das Wort solange bis wir tief im Herzen fühlen: *"Es ist vollbracht!"*

Spiegel-Ritual

Wir brauchen einige Münzen, eine weisse Kerze und einen Handspiegel. Wir gehen hinaus ins Freie, setzen uns auf eine Wiese *(eine Bank etc.)* und legen den Spiegel vor uns auf den Boden. Die Münzen verteilen wir auf dem Spiegel. Um genau 22 Uhr zünden wir die Kerze an und sprechen folgende Worte: *„Sonne und Sterne, Mond und Nacht, bringt mir das Geld, das mich glücklich macht."*

Glücksband-Ritual

Auf ein grünes Band zeichnen wir die Symbole von Jupiter, Venus und Sonne. Am Neumondabend binden wir dieses um unser rechtes Handgelenk und gehen ins Freie. Den Mond „anhimmelnd" sprechen wir die Worte: *„Du wunderschöner Mond, sende mit deinen Strahlen Reichtum in mein Leben."* Das Armband behalten wir so lange an, bis es von alleine abfällt. Spätestens dann wird unser Wunsch in Erfüllung gehen!

Vier-Münzen-Ritual

Wir nehmen – am besten an einem Neumond - vier gleiche Münzen und reinigen diese zuerst mit Wasser. Anschliessend räuchern wir diese mit Salbei oder Räucherstäbchen. Um genau 21 Uhr legen wir in jenem Zimmer, in dem wir am meisten Zeit verbringen, eine Münze in jede Himmelsrichtung und sprechen die folgenden Worte: *„Kraft der vier Elemente, schickt mir die Fülle!"* Die Münzen lassen wir dann bis zum nächsten Vollmond an dieser Stelle liegen und wirken.

Danach finden sie ein schönes Plätzchen in unserer Glücksschale, dem Glücksbaum, oder in unserer Glücksecke.

DER GELDBAUM ODER GLÜCKSBAUM

Der Geldbaum - *Crassula Ovata*, auch Pfennigbaum genannt - ist ein Muss ihn jedem Heim! Im Feng Shui gilt dieser Baum als Symbol für materielles Wohlergehen. Alte Gärtnerlegenden behaupten sogar, dass man Reichtum und Fülle anzieht, vorausgesetzt, man behandelt ihn mit Liebe und Respekt. Ein Geldbaum, der einem geschenkt wird, wirkt besonders stark.

Gemäss dem Gesetz der Resonanz ist es deshalb sehr glücksbringend, wenn wir jemandem einen solchen Geldbaum mit Freude schenken. Falls wir die Kraft des Baumes zu bestimmten Gelegenheiten noch weiter verstärken möchten, schreiben wir unsere Wünsche auf kleine Bänder und hängen diese zum Neumond an die Äste des Baums. So wird er uns den gewünschten „*Schatz*" bringen.

Das Geldbaum-Ritual
Wir benötigen dazu:
- *Drei Goldmünzen*
- *Ein kleines rotes Stofftuch*

Wir stellen unseren Geldbaum in unsere Geld-Ecke (= von der Tür aus gesehen rechts gegenüber). Die Geldecke kann man auch rein intuitiv erfühlen. Dies kann z.B. auch der Ort sein, wo wir am Computer Geschäfte abwickeln. Es sollten möglichst keine Fenster oder Heizkörper unmittelbar in der Nähe sein.

Nun wickeln wir die drei Goldmünzen in das rote Stofftuch und vergraben das Paket im Topf des Geldbaums, begleitet von den Worten: „*Du bist der Samen zu meinem grossen Schatz. Vermehre dich, beehre mich, beglücke mich! So sei es!*"

Mond-Geldritual
Wo der Mond direkt auf Geld scheint, stärkt dies den Geldfluss. So legen wir in einer Neumondnacht verschiedene Münzen draussen aufs Fensterbrett, natürlich dort, wo der Mond hin scheint. Wichtig ist, dass möglichst alle Münzen der entsprechenden Währung der Grösse nach aufgereiht werden. Im Licht des Mondes betrachten wir die Geldreihe und sagen:

„*Kraft des Mondes, segne mit deinem sanften Licht diese Münzen und den Reichtum in meinem Leben. So sei es!*"

Schon beim nächsten Vollmond wird sich unsere finanzielle Situation verbessert haben.

Ein weiteres **Mond-Geldritual** geht folgendermassen:
Wir legen zum Neumond eine Schale voller Münzen draussen vor die Eingangstür und schliessen diese. Dann nehmen wir einen Geldschein *(möglichst den grössten der Währung)* und legen ihn innerhalb der Wohnung unter den Teppich. Dann sprechen wir die magischen Worte: *„Kraft des Mondes, lass mit deinem Licht den Reichtum von aussen nach innen fliessen, in mein Heim. So sei es!"* Jedes Mal, wenn wir nach Hause kommen, freuen wir uns über die Münzen *(den Reichtum)* auf unserer Türschwelle, schreiten im Gefühl der Fülle über unseren *„Geldteppich"* - bis wir zum Vollmond den Geldschein hervorholen, in unsere Brieftasche stecken und geladen mit Geldenergie mit uns tragen. Man sehe und staune, was sich alles verändert!

Ritual des reinen Geldes
Wir benötigen dazu:
- *Zwei weisse und drei grüne Kerzen*
- *Einen Magneten*
- *Eine silberne Münze & Salbeiöl*

Bevor wir wie üblich unseren Schutzkreis betreten, nehmen wir ein reinigendes Bad unter Zugabe von Meeressalz. Das Bad ist ein wichtiger Bestandteil dieses Rituals. Bewusst reinigen wir Kopf, Körper und vor allem die Füsse. Wir reinigen uns auf allen Ebenen. Es geht darum, uns von allen negativen Gedanken und Energien zu befreien, die wir unbewusst mittragen. Alles, was nicht zu uns gehört, lassen wir mit dem Badewasser abfliessen. Wir begeben uns in den Schutzkreis, rufen die Kräfte der vier Elemente zu uns und zünden die zwei weissen Kerzen an. Unser materielles Ziel klar vor Augen, nehmen wir nun die drei grünen Kerzen und reiben sie sanft mit dem Salbeiöl ein.

Danach zünden wir sie an. Die fünf brennenden Kerzen werden zu einem Kreis aufgestellt. Wir tauchen noch bewusster in das Gefühl der Fülle und des Reichtums ein, visualisieren klar, was wir wollen und wie viel davon. Den Magneten legen wir nun auf die Silbermünze und stellen beides in den Kerzenkreis hinein. Wir verweilen nun in diesem Bewusstsein bis wir spüren: *„Es ist vollbracht."*

Wir bedanken uns bei den Elementen, löschen die Kerzen in umgekehrter Reihenfolge und öffnen den Schutzkreis. Die ganze Kraft, die in unserem Kreis entstanden ist, konzentrieren wir jetzt voll auf unsere Münze, die wir ab sofort als *Glücksmünze* in unserer Brieftasche mittragen.

INSTANT-GELDMAGIE

Werfen wir einen genaueren Blick auf die amerikanische Ein-Dollarnote *(siehe Seite 105)*. Auf dem Schein befinden sich 4-mal die *Zahl 1* (Zahl des Beginns), eine *Pyramide* (das Trigon), ein *Adler* (das geistige Prinzip) ein *„Auge am Himmel"* (das alles Sehende) – und wenn man detailliert hinschaut noch weitere magische Symbole. Bei *Google* bekommt man genauso viele positive wie negative Deutungen zu diesen Symbolen, aber wir Hexen nutzen und erkennen wie immer die magische Kraft des Guten. Zum Neumond legen wir eine solche Dollarnote auf die Fensterbank und lassen sie vom Mond bescheinen. Am Morgen darauf stecken wir sie in unsere Brieftasche und tragen sie fortan mit uns.

WIE MAN GELD ENERGETISCH ANZIEHT

Um Geld energetisch anzuziehen, trage man viel Geld mit sich in der Brieftasche. Ein Betrag, der uns persönlich eher hoch erscheint: für die einen mag dies hundert Franken (Euro) sein, für die anderen tausend. Jedenfalls sollte es so viel sein, dass wir uns - mit *„so viel Geld in der Tasche"* - richtig reich fühlen. Geld ist *(wie alles in diesem Universum)* Energie, und wenn wir ein gutes Gefühl in Bezug auf diese Energie haben, ziehen wir es resonanzmässig an. Mit dem Geld in der Tasche gehen wir z.B. in die Stadt, schauen uns schöne Sachen an und denken: *„Das kann ich mir jetzt gleich kaufen, wenn ich es will!"*

Es geht nicht darum, wirklich etwas zu kaufen, sondern darum, in dieses gute Gefühl des Reichtums, der Fülle zu kommen. *„Ich schaue mir für einige Stunden viele verschiedene Dinge an, wie Kleider, Schuhe, Kameras, Einrichtungsgegenstände. Immer wieder fühle ich mich reich, weil ich es mir kaufen könnte, wenn ich will! Ein tolles Gefühl!"*

Wichtig ist, dass wir das Geld als *Bargeld* mit uns tragen: die Kreditkarte als reines *„Plastikgeld"* ist kein Ersatz für echtes Geld. Dem Plastik fehlt die Energie des Geldes. Die finde ich nur und ausschliesslich im Bargeld, in Münzen oder Noten. Und da wir in der Magie sehr intensiv mit Resonanz arbeiten, möchten wir auch hier Geld anziehen und keine Plastikkarten!

Die Schatzkiste

Wir wissen inzwischen, wo wir bei uns zu Hause die *„Geldecke"* finden, nämlich von der Tür aus gesehen schräg rechts gegenüber. Dorthin stellen wir eine Schatzkiste: eine Kiste gefüllt mit Geld, Schmuck und Edelsteinen. In jener Ecke bekommt der Schatz die Energie, sich weiter zu vermehren. Zusätzliche Energie bekommt er, wenn wir den Inhalt der Schatzkiste zwischendurch herausnehmen, anschauen, fühlen, uns daran freuen, uns damit „*reich*" fühlen. Der Schatz vermehrt sich in der Regel nicht rasant von heute auf morgen, sondern langsam aber stetig.

BAUM DES WACHSTUMS

Wir benötigen dazu:
- *Einen Papierbogen*
- *Einen Farbstift*
- *Bilder von Glückssymbolen*
(gezeichnet oder Fotos)

Dieses Ritual wird bei Neumond durchgeführt, an einem Donnerstag, Freitag oder Sonntag. Jupiter, Venus und Sonne unterstützen dieses Ritual. Wir reinigen unseren Altar, gehen in den Schutzkreis und bitten die vier Elemente, uns beizustehen. Auf den Papierbogen zeichnen wir einen Baum, der zu je einem Drittel aus Wurzeln, Stamm und Krone besteht. Auf die Äste kleben wir nun unsere Glücks- und Wunschsymbole *(wir können sie auch hinzeichnen)* und visualisieren, wie unsere Wünsche über die Wurzeln ganz viel Kraft bekommen, um zu wachsen, zu gedeihen. Wir begleiten dies mit den Worten: „*Glück und Friede ohne Sorgen, Neues Wachstum jeden Morgen.*"

Die Zeichnung hängen wir danach an die Wand eines Zimmers, in dem wir uns oft aufhalten. Jedes Mal, wenn wir sie sehen, unterstützen wir mental das Wachstum des Erfolges, der Fülle. Dies tun wir täglich bis zum folgenden Vollmond. Danach legen wir die Zeichnung in unser „*Buch der Schatten*".

GELD-VISION

Wir visualisieren ein Geldkonto, auf das wir jeden Tag Geld einzahlen. Wir sehen, wie das Konto von Tag zu Tag wächst und speichern das gute Gefühl von Fülle und Sicherheit, wenn wir all das Ersparte sehen. Man staune, wie sich mit der Zeit das Konto nach oben bewegt.

BERUF & ARBEIT

Arbeit sollte Spass machen, und von Zeit zu Zeit gibt es auch Momente, wo die moderne Hexe eine neue Stelle, eine neue Tätigkeit oder mehr Kunden herzaubern muss. Rituale, die diesem Zweck dienen, werden *bei zunehmendem Mond* (Wachstum!) durchgeführt, am besten an einem Mittwoch.

Sieben-Kerzen-Ritual
Das folgende Ritual eignet sich insbesondere bei allen Thematiken rund um die Jobsuche, bei Tests und Prüfungen, bei Geschäftseröffnungen, wie auch bei der Kundenakquisition. Wir benötigen dazu:

- *Eine Tonvase*
- *Ein rotes Stoffband (ca. 20 cm lang)*
- *Sieben weisse Kerzen*
- *Sieben Räucherstäbchen (Zimt oder Salbei)*
- *Sieben Stecknadeln*
- *Ein Pentagramm (als Zeichnung oder als Anhänger)*

Das Pentagramm zeichnen wir auf einen grossen Papierbogen und rollen diesen wie eine Pergamentrolle auf. Mit dem roten Stoffband binden wir sie zusammen, so dass die Rolle wie ein Diplom aussieht, welches wir für eine bestanden Prüfung erhalten haben. Wir gehen in den Schutzkreis und rufen die vier Elemente auf, uns zu unterstützen. Wir stellen die Tonvase auf den Altar und stecken die Papierrolle hinein. Rundherum stellen wir die sieben weissen Kerzen und die Räucherstäbchen auf. In jede Kerze stecken wir seitlich eine Nadel.

Dann entzünden wir die sieben Räucherstäbchen, dann auch die Kerzen. Wir konzentrieren uns jetzt auf unser Ziel, fühlen, dass wir es bereits erreicht haben, schwelgen im Glücksgefühl des Erfolgs und begleiten das Ganze mit folgenden Worten:

„Arbeit komm herein, Erfolg sei mein!"

Falls es um die Vorbereitung auf eine Prüfung geht, lautet der Spruch: *„Jeder Prüfung bin ich gewachsen, Fühle zum Erfolg mich wachsen."*

Zaubersprüche, die in einem Atemzug ausgesprochen, oder gesungen werden, geben einem Ritual viel Energie. Dieses Ritual sollte für die nächsten zwei Wochen täglich etwa zur gleichen Zeit durchgeführt werden, damit das Pentagramm in seiner vollen Kraft aktiviert wird. Nach dieser Zeitspanne rollen wir den Papierbogen mit dem Pentagramm wieder auf und schreiben auf die Rückseite unseren Vornamen und Namen. In zwei, drei kurzen Sätzen schreiben wir auf, was unser Ziel ist, das wir mit diesem Ritual erreichen möchten. Wir legen den Papierbogen auf den Altar und segnen ihn mit der Kraft der Elemente und der höchsten Macht.

Wir lassen die Kerzen noch eine Stunde brennen, falten das Papier dann zweimal, stecken es in einen Umschlag und verschliessen diesen. Den Umschlag versiegeln wir mit unserem *persönlichen Siegel* und tragen ihn fortan mit uns (in der Handtasche, Aktenmappe) bis der Wunsch in Erfüllung geht.

Danach verbrennen wir den Umschlag, ohne ihn wieder zu öffnen, in einer Feuerschale.

Berufs-Erfolgsritual
Durchzuführen bei zunehmendem Mond, möglichst an einem Mittwoch. Wir benötigen dazu:

- *Eine gelbe Kerze (15-20 cm lang)*
- *Feuer (Streichholz oder Feuerzeug)*
- *Einen Kieselstein mit einer flachen Oberfläche*

Wir gehen in den Schutzkreis und rufen die Kräfte der vier Elemente zur Unterstützung auf. Auf dem Altar zünden wir die Kerze an und verbinden uns gefühlmässig mit der höchsten Kraft des Erfolges. Den Kieselstein nehmen wir fest in die linke Hand und füllen uns mit dem Glücksgefühl, im Beruf erfolgreich zu sein: wir sehen zufriedene Kunden und Mitarbeiter, fühlen den stets vollen Geldbeutel und vor allem die tiefe Befriedigung, genau das zu tun, was wir gerne tun.

Wir atmen den Erfolg bewusst in uns hinein, verankern ihn tief in unserer Seele - und hauchen ihn dann in die geschlossene Hand, in den Kieselstein hinein. Dabei sprechen wir die Worte:

*„Empfange diese Kraft des Erfolges mit meinem Atemzug.
Diese Kraft wirke ab sofort in dir. So sei es!"*

♃ Auf den flachen Oberteil des Steins zeichnen wir nun das Symbol des *Jupiter* und lassen den Kieselstein eine ganze Nacht auf dem Altar liegen.

Ab dem nächsten Morgen tragen wir den Stein mit uns herum *(zum Beispiel im BH oder in der Hosentasche)* und zwar so lange, bis sich unser Wunsch erfüllt hat. Dann erst werfen wir den Stein in ein fliessendes Gewässer *(Fluss, Bach)*, damit das Glück immer weiter fliessen kann.

Je nachdem wie lange es zur Wunscherfüllung braucht, können wir diesen Stein zusätzlich jeden Monat zwei Tage vor Vollmond draussen auf der Fensterbank 48 Stunden lang aufladen.

LIEBESRITUALE

„Das Leben ohne Liebe ist wie ein Baum ohne Blüten und Früchte."

Liebesrituale wirken am intensivsten bei *Vollmond*, beziehungsweise kurz davor. Der Wochentag der Liebe ist der **Freitag**, der Planet der Liebe die *Venus*. Die Farben *Rot und Rosa* unterstützen diese Energie.

Das Allerwichtigste beim Liebeszauber
Auch beim Liebeszauber gibt es klare Hexenregeln. Magische Sprüche und Rituale wenden wir niemals in manipulativer Weise an! Niemand wird gezwungen, jemanden zu lieben! Viel eher sollen diese Rituale uns helfen, uns vertrauensvoll ans Universum zu wenden, damit wir diejenige Liebe bekommen, die wir brauchen. Nicht nur Hexen, sondern auch diverse Religionen und Glaubensrichtungen raten: *„Liebe dich selbst, wenn du dir wünschst, dass andere es auch tun."* Nur so schafft man Resonanz zur wahren Liebe, zieht man sie an. Zur Sicherheit rate ich vor einem Liebesritual zuerst das Ja/Nein Steinorakel zu befragen, um herauszufinden, ob es für die gewünschte Frage die richtige Zeit ist.

Ritual der wahren Liebe
Idealer Tag: Freitag, Mondphase: Vollmond
Wir benötigen dazu:
- *Einen Papierbogen*
- *Einen roten Stift*
- *Einen Briefumschlag*
- *Den persönlichen Lieblingsduft (Parfum, Blumen)*
- *Einige Rosenblätter*

Wir gehen in den Schutzkreis und bitten die Elemente um ihre Unterstützung. Vor dem Altar schreiben wir mit dem roten Stift diejenigen Qualitäten und Charaktereigenschaften auf, die wir von unserem zukünftigen Partner erwünschen. Dabei schreiben wir nur das auf, was wir selber auch zu geben bereit sind (Resonanz-Gesetz!). Von unserem Lieblingsduft sprühen wir dreimal auf das Papier, falten es und stecken es in den Briefumschlag. Die Rosenblätter nehmen wir in unsere kelchförmig geformten Hände und visualisieren uns glücklich und verliebt an der Seite unserer grossen Liebe *(die bereits irgendwo auf uns wartet)*. Wir bleiben solange in diesem Gefühl, bis wir tief in uns fühlen: „Die Liebe ist bei mir!"

Jetzt legen wir die Rosenblätter liebevoll in den Umschlag und verschliessen ihn. Als Siegel geben wir einen Kuss *(wer möchte mit Lippenstift)* auf den Briefverschluss und legen den Umschlag an einen uns wichtigen, wertvollen Ort, wo wir ihn belassen können. Dies kann unter dem Bett sein, auf dem Altar, im persönlichen Lieblingsbuch oder Tagebuch. Sobald dies vollbracht ist, warten wir frohen Mutes auf die grosse Liebe! „So sei es!"

Mars-Venus-Ritual

„Denke daran, dass die schönsten Augenblicke deines Lebens die sind, in denen dein Herz vor Freude schlägt und nicht aus Gewohnheit."

Wir benötigen dazu:
- *Eine cremefarbene Kerze*
- *Ein spitzes Objekt zum Ritzen (Messer, Nadel)*
- *Zimtöl*

Wir gehen in den Schutzkreis und bitten die Elemente um ihre Unterstützung. Die Kerze reiben wir sanft mit Zimtöl ein. Dann stellen wir die Kerze auf den Altar und ritzen die *Symbole von Mars und Venus* in das Wachs, umhüllt von einem Herz. *(Für gleichgeschlechtliche Liebe: zwei Mars- respektive zwei Venus-Zeichen!)*. Während des Ritzens konzentrieren wir uns auf die Seele des Menschen, den wir in unserem Leben haben wollen: Nicht auf sein Gesicht oder seinen Körper, sondern auf das Gefühl, das uns erfüllen soll, wenn wir mit diesem Menschen zusammen sind. In diesem Gefühl zünden wir die Kerze an und sprechen die Worte:

„So warm und hell wie dieses Licht
Bring mir die Liebe, die nur für mich
Aus gestriger Einsamkeit
Mach heute Gemeinsamkeit
Ich wart' voll Vertrauen, mit offenem Herz'
Bis abgebrannt ist die magische Kerz'."

Rosenblätter-Ritual

Liebe bedeutet Achtsamkeit. *„Nur jemand, der weiss, was Schönheit ist, blickt einen Baum, die Sterne oder das glitzernde Wasser eines Flusses mit völliger Hingabe an. Nur der Mensch, der wirklich sieht, ist im Stande zu lieben."*

Wir benötigen dazu:
- *Eine rosafarbene Kerze*
- *Einige frische Rosenblätter*

Wir gehen in den Schutzkreis, stellen die Kerze auf den Altar und zünden sie an. Die Rosenblütenblätter streuen wir *im Uhrzeigersinn* um die Kerze. Dann wenden wir uns an die einzelnen Himmelsrichtungen, zuerst zum **Osten** hin:

„Kräfte des Ostens, Element Luft, bring mir die Liebe. Wie der Wind soll sie erwachen, wie ein Geschenk kommt sie in mein Leben. So sei es!"

Zum **Süden** hin: *„Kräfte des Südens, bringt mit die heisse Leidenschaft der Liebe, lasst sie für mich entflammen, lasst sie mit Freude und Tanz in mein Leben treten. So sei es!"*

Zum **Westen** hin: *„Kräfte des Westens, Himmelsrichtung der Aphrodite, Element des gefühlvollen Wassers, bring mir die Liebe, die zu mir passt. So sei es!"*

Zum **Norden** hin: *„Die Festigkeit und Beständigkeit der Liebe erbitte ich bei dir und habe Vertrauen, dass du das Richtige für mich bringst. Lass meinen Wunsch sich materialisieren. So sei es!"*

Die Zeit wird uns das bringen, was wir im Vertrauen gewünscht haben. Mindestens eine Mondphase wird es brauchen, vielleicht auch mehr, bis sich dieser Wunsch-Zauber erfüllt. Wichtig ist, offen für das neue zu bleiben. Denn wenn das Schicksal uns die Liebe vorbeischickt, erscheint diese nicht immer so, wie wir sie uns auf den ersten Blick vorstellen. Manchmal offenbart sich die Liebe erst als diese, wenn wir sie uns *„verdienen"*, indem wir jedem Menschen mit Offenheit, Respekt und Mitgefühl begegnen. Eine gute Portion Vertrauen ins Universum ist das beste Freiticket zum Glück!

Zur Erinnerung
Der Johannistag und die Johannisnacht (23. & 24. Juni) eignen sich hervorragend, eine schon bestehende Liebe zu bekräftigen. Liebende springen übers Feuer, um ihre Liebe zu festigen.

Auch gibt es noch den folgenden Brauch für die Johannisnacht:
Das Treue-Orakel mit Fetthenne

Fetthennen, auch Mauerpfeffer genannt, gehört zu den Dickblattgewächsen (Crassulaceae). Wenn wir Zweifel an der Treue unseres Partners/unserer Partnerin haben, pflanzen wir am Johannistag vor dem Schlafengehen einen Zweig Fetthenne in einen Blumentopf. Sind die Blätter am nächsten Tag schlaff, so ist dies ein ungutes Zeichen. Sind die Blätter hingegen voller Saft und Kraft, so ist unser Schatz treu, und wir werden noch lange mit ihm glücklich sein.

Eine Liebe verstärken

„Ich mag vielleicht nicht alles im Leben haben, was ich mir wünsche, aber ich bin sehr froh, alles zu haben, was ich brauche. Deshalb beginne ich den Tag nicht damit, mich zu beklagen, sondern mich zu bedanken."

Nach dem *Gesetz der Resonanz* bekommt man genau so viel Liebe, wie man selber zu geben fähig ist. Dennoch kann man eine leicht *„angestaubte"* Liebe unter Umständen wieder zum Leben erwecken. Mit diesem Ritual und seiner sanften Energie verzaubern wir unseren Partner/unsere Partnerin erneut, machen sie wieder vermehrt auf uns aufmerksam. Alles, was wir für dieses Ritual benötigen, ist eine *rosarote Kerze*. Im Schutzkreis, an unserem Altar, zünden wir die Kerze an. Wir gehen in die Ruhe und gehen in die schönsten und tiefsten Gefühle, die wir für diesen uns lieben Menschen haben. Wir durchleben in Gedanken und im Gefühl alles Schöne, was uns mit unserem Partner verbindet oder in den besten Momenten verbunden hat. Ganz in diesem Gefühl, sprechen wir einen zuvor auswendig gelernten *Zauberspruch:*

„Mögen alle Liebes-Gottheiten diese Verbindung schützen und erfüllen.
Lasst sie zu mir finden, wenn es meine sein soll.
Ich habe vertrauen, dass was zu mir gehört,
zu mir findet und sich an mich bindet.
Alles was noch dazu stört, von mir geht! So sei es!"

Liebeskummer

Liebe hat auch ihre Ecken und Kanten. Liebe kann wehtun, schrecklich weh, wenn sie uns verloren geht. Das folgende Ritual soll helfen, unsere Seelenwunden zu heilen und uns erkennen zu lassen, dass alles gut ist, wie es ist, sogar wenn eine Liebe uns verlässt, weil ihre Zeit abgelaufen ist. Manchmal brauchen wir einfach ein wenig Zeit, dies zu erkennen. Dieses Ritual wirkt am stärksten bei *Voll- und abnehmendem Mond*.

Wir benötigen dazu:
- *Reines, echtes Lilienöl*
(Die Lilie ist die Blume der Göttin, das Symbol der Heiligen Jungfrau)
- *Einen Wattebausch*

Sobald der Mond scheint, tunken wir den Wattebausch in das Öl und tragen ihn in der linken Hand ins Freie *(oder ans offene Fenster)*. Im Mondlicht atmen wir den Duft der Lilie ein und sprechen folgende Worte:

> *„Lieber Mond, der du so gütig auf mich leuchtest*
> *Helle meine Seele auf*
> *Stehe mir bei in meiner grossen Trauer*
> *Umgebe mich mit der Liebe deines göttlichen Scheins.*
> *Sende mir Trost, Geborgenheit, ein warmes Herz*
> *Das weg von mir geht, dieser grosse Schmerz!"*

Wir atmen den Duft des Lilienöls noch eine Weile lang ein und lassen uns von der Kraft, vom Trost des Mondes erfüllen. Falls der Kummer gross ist, können wir diesen Duft den ganzen Tag über mittragen, damit er uns immer wieder daran erinnert, dass eine grosse Kraft uns begleitet - und dass wir nie alleine sind.

Liebesbad

Wie bereits erwähnt, sind wir Sender und Empfänger: je stärker wir die Liebe in uns fühlen, desto stärker ziehen wir die Liebe im Aussen an. Dafür ist es wohltuend und nützlich, sich zwischendurch bei einem entspannten Liebesbad wieder voll mit Liebesenergie aufzuladen.

Wir benötigen dazu:
- *9 Eichenblätter*
- *Rosenöl und eine rote Kerze*
- *Zwei rote Rosen und eine rosarote Rose*
- *Eine Prise Muskatpulver*
- *Ein paar Muscheln in verschiedenen Formen und Grössen*
- *Ein ätherisches Öl, ganz nach dem eigenen Geschmack*
(Jasmin, Ylang-Ylang, Sandelholz, Patschuli, Ingwer, Bergamotte, all dies sind Liebesöle)

Dieses Ritual beginnt am ersten Freitag nach einem Neumond und sollte drei Freitage hintereinander ab 22 Uhr durchgeführt werden. Wir lassen die Badewanne einlaufen und geben sieben Tropfen des ätherischen Öls ins Badewasser und nehmen ein genüssliches Bad, das uns für das Liebesritual reinigt. Nach dem Bad bereiten wir den Altar vor, indem wir die drei Rosen speichenförmig auf denselben legen. In die Kerze ritzen wir das Wort „Liebe" und reiben sie sanft mit Rosenöl ein.

Die neun Eichenblätter, je ein Rosenblatt *(vom Blütenkelch)* und eine Prise Muskat gehen in unsere Glückschale. Nun zünden wir die Kerze an. Sitzend oder stehend gehen wir in Gedanken in das schönste Gefühl der Liebe. Ohne uns eine bestimmte Person vorzustellen, fühlen wir uns hinein, wie es sich anfühlt, geliebt, begehrt und bewundert zu werden. Wir gehen gefühlsmässig in Umarmungen, in romantische Spaziergänge, gemeinsames Kochen und Geniessen. Wenn wir voll und ganz in diesem Liebesgefühl sind, sprechen wir unseren Wunsch aus. Dieser Zauberspruch kann auch als *„Chanting"*, als sich stets wiederholender **Sprechgesang** ausgesprochen oder *gesungen* werden:

„Die Liebe ist mein
So soll es sein
Sie findet zu mir
Jetzt und hier.
Das Glück allein
Soll bei mir sein!"

Farben der Liebe

Ein weiteres Ritual, um die ideale Person in unser Leben zu bringen. Wir benötigen dazu: Je *eine Kerze*, die uns selbst und unserem potentiellen Partner entspricht (z.B. rot = feurig, grün = geduldig, *siehe Kapitel: Kerzenfarben und ihre Bedeutung).* Dazu noch ein Blatt Papier und einen Stift.

Wir gehen in den Schutzkreis und rufen die vier Elemente auf. Den Altar schmücken wir in den Farben, die uns und unseren Wunschpartner am ehesten repräsentieren. Sind wir selbst z.B. Der ‚kategorische' Typ, wählen wir eine schwarz/weisse Kerze. Wünschen wir uns dafür einen *feurigen* Partner, wäre dies am ehesten eine rote oder knallorange Kerze. Beide Kerzen, die wir für dieses Ritual gewählt haben, stellen wir in die Mitte des Altars. Wir konzentrieren uns nun auf beide Kerzen, auf die Energie ihrer Farben, lassen unseren Gedanken und Gefühlen freien Lauf.

Auf das Blatt schreiben wir, in welcher Situation wir uns mit dem Wunschpartner gerne sehen würden: an einem weissen Sandstrand am Meer, bei einem romantischen Tête-à-Tête, bei einem Frühlingsabend-Spaziergang, oder einfach alleine zu Hause vor dem Kamin. In diesen Gedanken und Gefühlen entzünden wir die Kerzen und fühlen uns immer tiefer und fester in diese Bilder hinein:

„Komm, meine Liebe, komm herbei
Ich warte auf dich, meine Gefühle sind frei,
Will es das Schicksal, so bin ich bald dein
Willst das auch du, dann soll es so sein!"

Das Papier falten wir nun *dreimal der Länge nach* und legen es auf den Altar. Wir legen die Hände auf die Knie, Handflächen nach oben und konzentrieren uns noch einmal intensiv auf unsere Gefühle und auf diese Bilder – und spüren, wenn es Zeit ist, die Kerze auszublasen. Wir öffnen den Schutzkreis und bleiben in dieser guten Energie. Das Papier bleibt gefaltet und wird dann zum nächsten Vollmond um genau 21 Uhr in einer Feuerschale feierlich verbrannt.

Aphrodites kleine Geheimnisse

„Ein dummer Mann macht mit anderen Frauen seine Frau eifersüchtig, ein schlauer Mann mit der eigenen Frau die anderen!"

Liebe findet nicht nur auf der Seelenebene statt. Wir sind ausgestattet mit einem Körper, der uns wunderbarste Gefühle bringt beim Liebesspiel. Die kluge Hexe weiss, dass man seinen Partner ab und zu ein wenig in Stimmung bringen muss, damit das Spiel auch Spass macht oder erst so richtig ins Laufen kommt. Anbei ein paar Hexengeheimnisse, wie man etwas Pfeffer ins Liebesleben bringt:

Muskatnuss
Muskatnuss weckt die Lust. Täglich eine Prise davon in den BH, eine weitere Prise ins Essen, und alles wird schärfer - wir selbst und unser Partner.

Instant-Aphro
Für die Momente, wenn es schnell gehen soll:
Wir mischen fünf Tropfen *Patschuliöl* und einen Tropfen *Zimtöl* in ein wenig *Olivenöl* und betupfen damit die typischen Parfumstellen *(Pulsader, hinter dem Ohr, in der Ellenbeuge)*. Diese magische Mischung bringt den Partner oder die Partnerin in kürzester Zeit in Fahrt!

Magisches Öl
Wir benötigen dazu:
- *100 ml Mandelöl*
- *Zwei Rosenblütenblätter, eine Prise Zimt*
- *Einen Teelöffel Eisenkraut (pulverförmig)*

Wir mischen das Öl mit den Rosenblättern und dem Eisenkraut in einer Schale und lassen die Mixtur einen Tag lang ziehen. Das Öl, regelmässig eingerieben, verleiht uns eine liebenswürdige Ausstrahlung, Harmonie und Sinnlichkeit. Man staune, wie die Umwelt binnen kurzer Zeit auf uns reagiert. Dieses Öl kann auch auf *Talismane und Amulette* getupft werden.

GLÜCKSRITUALE

Glücksrituale wirken am stärksten bei *Vollmond*, respektive kurz davor. Der Wochentag des Glücks ist *Donnerstag* und *Sonntag (auch der Freitag passt gut, sofern der Vollmond auf ihn fällt)*, die Glücksplaneten sind *Jupiter* und *Venus*, der Glücksstern die *Sonne*. Die Farben Rot, Pink, Orange und Gelb wirken unterstützend.

Der Glückszauber
„Mein Weg beginnt dort, wo ich aufhöre, anderen zu folgen!"

Manche Hexe hat in ihrer Weisheit erkannt, dass man sich nicht immer spezifisch etwas wünschen muss, sondern dass es nützlich sein kann, dem Glück zu vertrauen - das Glück einfach immer wieder einzuladen, in unser Leben zu kommen, während wir mit offenem Geist das nehmen, was kommt. Denn je offener wir sind, je weniger Erwartungen wir haben, desto *„massgeschneiderter"* ist oft das Glück, das uns zufliegt.

Es lohnt sich, vor jedem Wunschritual das *Drei-Steine-Orakel* zu befragen, ob es in Ordnung ist, das Ritual durchzuführen. Die Steine weisen uns darauf hin, ob wir auf manipulative Abwege kommen oder jemandem schaden könnten. Sofern die Steine einverstanden sind, können wir loslegen.

Wir begeben uns in den Schutzkreis und rufen die vier Elemente auf. Wir benötigen dazu:
- *Weihwasser*
- *Eine kleine Schale & eine grosse Schale*
(aus Holz, Lehm, natürlichen Materialien)

In die kleine Schale füllen wir Weihwasser und geben eine Prise Salz hinein. In die grosse Schale legen wir unsere liebsten Glückssymbole *(z.B. Jupitersymbol, Sonne, Anker, Pentagramm)*. Falls wir die Symbole nicht als Anhänger oder physische Objekte zur Hand haben, können wir diese auch auf Papier zeichnen oder Bilder aus einem Magazin/Buch ausschneiden. Wir stellen die beiden Schalen auf den Altar und segnen sie im Stillen.

Nun sprenkeln wir diese *Glücksgegenstände* in der Schale mit Weihwasser und sprechen dabei:

"Wächter der Elemente Feuer, Erde, Luft und Wasser,
Segnet meinen Wunsch nach Glück
Alles was bremst, lass ich zurück
Lasst es fliessen und mir Segen bringen
Auch andere Menschen werden mit mir singen
Wenn Glück und Segen bei mir sind
Und machen fröhlich mein inneres Kind.
So sei es!"

Wir bleiben noch einen Moment in dieser Energie, bedanken uns bei den Elementen und öffnen den Kreis. Die beiden Schüsseln lassen wir auf dem Altar stehen, bis unser Wunsch in Erfüllung gegangen ist.

Glücksmomente herholen

Wir suchen uns eine Fotografie, die uns am Herzen liegt, die in uns ein Lächeln emporsteigen lässt. Ein Foto, das einen wunderbaren Moment eingefangen hat. Wir gehen in den Schutzkreis und rufen die Elemente auf. Auf dem Altar entzünden wir eine Kerze und gehen ganz in die Energie dieses Bildes, in das damalige Glücksgefühl hinein. Wir sprechen folgende Worte:

„Wunderbares Lebensglück
Kehre nun zu mir zurück
Deiner bin ich eingedenk
Oh du magisches Geschenk!
Bleibe nun für immer mein
Ein Teil von mir sollst du nun sein."

Wir bleiben einen Moment lang in diesem Gefühl und lassen die Kerze weiterbrennen. Dann öffnen wir den Schutzkreis und lassen bewusst die Energie, die sich darin gesammelt hat, in diese Fotografie einfliessen. Das Bild bewahren wir nun an einem Ort auf, an dem wir uns oft aufhalten, z.B. neben dem Bett, auf dem Schreibtisch. Jedes Mal, wenn wir es im Vorbeigehen anschauen, fühlen wir in dieses Glück zurück, wissend, dass ein neues, vielleicht noch grösseres auf dem Weg zu uns ist.

Himmelsrichtungen-Glücksritual
Unser *Ego* sagt: *„Wenn alles passt, werde ich Frieden finden."*
Unser *Geist* sagt: *„Finde Frieden, dann passt alles!"*

Wir benötigen dazu:
- *Eine Schale, gefüllt mit Salz*
- *6 Kerzen (in der eigenen Lieblingsfarbe)*
- *Räucherwerk (Weihrauch oder Salbei) & Weihwasser*

Wie gewohnt gehen wir in den Schutzkreis und bitten die Elemente, uns beizustehen. Die sechs Kerzen stellen wir in Form eines Pentagramms auf den Altar, darum herum: Das Räucherwerk im Osten, die Kerzen im Süden, das Weihwasser im Westen und die Schale mit dem Salz im Norden des Kreises. Nun sind alle vier Elemente auf unserem Altar vertreten.

Im Osten beginnend gehen wir im Schutzkreis *im Uhrzeigersinn* herum und bitten nochmals alle Kräfte, uns bei diesem Ritual zu helfen. In einem weiteren Rundgang sprenkeln wir nun das Weihwasser über den Altar und segnen den magischen Kreis mit folgenden Worten:

„Kräfte, Mächte und Götter des Universums, steht mir zur Seite, schützt mich und helft mir, dieses Ritual im Schutz der Liebe und des Glücks zu vollziehen. So sei es!"

Das Pentagramm-Glücksritual

Wir benötigen dazu:
- *Ein Blatt Papier*
- *Einen Stift*
- *Fünf Kerzen*

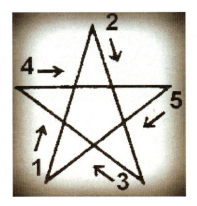

Wir gehen in den Schutzkreis und setzen uns an den Altar, wo wir auf ein Blatt Papier ein Pentagramm zeichnen *(Spitze nach oben!)*. An jedes Zackenende stellen wir eine Kerze. Erst jetzt bitten wir die vier Elemente um Mithilfe, in dem wir sie der Reihe nach und wiederholt aufrufen:

„Feuer, Erde, Luft und Wasser
Feuer, Erde, Luft und Wasser
Feuer, Erde, Luft und Wasser…" (etc.)

Mit diesem **Chanting** begeben wir uns in eine leichte *Trance*, verbinden uns tiefer und tiefer mit den Kräften um uns herum. Dabei werden wir immer ruhiger, entspannter. Nun tauchen wir ein in die Vorfreude, welche man fühlt, wenn das grosse Glück immer näher kommt. Diese Vorfreude bekräftigen wir mit folgenden Worten:

„Was ich nun fühle,
Soll fortan sein -
Wohlan, ihr Kräfte,
Richtet es ein!"

Wir öffnen den Schutzkreis, fokussieren unser Glücksgefühl ganz auf das Pentagramm und lassen die Kerzen noch einige Minuten weiterbrennen.

Feuerzauber

Dies ist ein alter, sehr wirksamer Zauber, den manch weise Hexe kennt. Er bringt nicht nur Glück, sondern auch Stärke und Mut. Bereits in Urzeiten sprang man über das Feuer, um sich von hinderlichen Emotionen zu befreien: von Ängsten, Wut, schlechten Gewohnheiten und auch von Menschen, die einem das Leben schwer machten. Am häufigsten aber sprang man über die Flammen, um sich das Glück zu holen, es regelrecht heraufzubeschwören. Besonders schön ist das Ritual natürlich, wenn man es am Lagerfeuer gemeinsam mit Freunden und Bekannten durchführt. Für den Heimgebrauch zu Hause reicht natürlich auch eine Kerze, um sich die Kraft des Feuers symbolisch zu vergegenwärtigen. Die Kerze wähle man in seiner Lieblingsfarbe. Wir werfen *Rosmarinzweige* über das Feuer, bevor wir darüber springen. Bei der Kerze genügt es, den Zweig ein wenig über der Flamme hin und her zu schwenken, so dass der Duft von Rosmarin gut zu riechen ist. Während wir über das Feuer hüpfen, sagen oder denken wir folgenden Spruch:

> *„Schenke mir in einem Stück,*
> *Jupiter, das grosse Glück*
> *Lass alles Gute in mein Leben*
> *Schenke mir nun deinen Segen."*

Glücksmagnet

Um unseren Glücksmagneten zu kreieren und so richtig in Schwung zu bringen, führen wir dieses Ritual an einem *Neumondtag*, idealerweise an einem Donnerstag oder an einem Sonntag durch. Was der Glücksmagnet bewirkt ist natürlich selbsterklärend! Und natürlich ist ein selbst hergestellter Glücksmagnet unendlich viel stärker als einer, den man kauft.

Wir benötigen dazu:
- *Einen Kettenanhänger, der uns am Herzen liegt*
- *Einen Rosmarinzweig*
- *Ein rosarotes Band, ca. 10cm lang*
- *Eine kleine Schachtel*

Den Kettenanhänger reinigen wir unter lauwarmem Wasser. Den Rosmarinzweig umwickeln wir mit dem rosa Band und tauchen ein in ein starkes Glücksgefühl, wie wir es aus unseren *„besten Zeiten"* kennen. In diesem Gefühl binden wir den Anhänger mit dem rosaroten Band an den Rosmarinzweig. Dieses *persönliche Amulett* legen wir für die nächsten zwei Wochen auf eine Fensterbank, damit es sich mit der Energie des zunehmenden Mondes aufladen kann.

Nach Ablauf dieser zwei Wochen legen wir den Glücksmagneten in die Schachtel und bewahren diese an unserem Lieblingsort auf. Kurz darauf fühlen wir, wie das Glück mehr und mehr in unser Leben Einzug hält.

Natürlich wirkt Glück immer am stärksten,
wenn man es mit anderen teilt!

SCHUTZRITUALE

Wir benötigen dazu:

- *Vier Stücke Stoff*
(10x10cm, in den Elementarfarben gelb, rot, blau und grün)
- *Eine Handvoll Asche*
- *Verschiedene Küchenkräuter (Salbei, Basilikum, Majoran)*

Dieses Ritual führen wir bei *Vollmond* durch. Der *Donnerstag* ist ideal. Mit der Asche streuen wir einen magischen Schutzkreis, diesmal direkt auf den Boden. Wir legen die farbigen Stoffteile auf die entsprechende Himmelsrichtung. *Gelb* im Osten, *Rot* im Süden, *Blau* im Westen, *Grün* im Norden. Wir bitten die Wächter der vier Himmelsrichtungen um ihre Unterstützung.

Wir mischen die Kräuter und streuen diese gleichmässig auf jedes Stück Stoff. Dann binden wir die vier Ecken der Stoffteile zu einem Beutelchen zusammen und hängen dieses im Garten *(oder auf dem Balkon)* in der ihnen entsprechenden Himmelsrichtung auf. Bei jedem einzelnen Beutelchen verweilen wir einige Minuten und fühlen bewusst die Kraft der Elemente und ihrer Himmelsrichtungen. Zuletzt bedanken wir uns bei diesen Kräften und lassen sie nun alleine weiter wirken.

Haus-Schutzritual
Einen einfachen Schutz für das Haus bewerkstelligen wir, indem wir an einem *Vollmondabend (noch bevor es dunkel wird)* von aussen etwas Salz an Fenster und Türen streuen.
Dies begleiten wir mit den Worten:

> *„Geister des Hauses,*
> *Schützet mein Heim von aussen,*
> *Alles Böse bleibe draussen.*
> *So sei es!"*

Pentakel-Schutzritual

Wir benötigen dazu:
Fünf Kerzen, einen Kelch voll Wasser, ein Kuffergefäss, Kohle, getrockneten Salbei, eine Feder, einen Edelstein, ein weisses Tuch und einen Stift.

Wir gehen in den Schutzkreis und bitten die vier Elemente um ihre Unterstützung. Das weisse Tuch breiten wir auf dem Boden aus, darauf stellen wir pentakelförmig die Kerzen. Den Salbei lassen wir auf der Kohle glimmen, nehmen die Feder zur Hand und verteilen den Rauch *kreisförmig* im Raum mit den Worten:

> *„Kraft des Ostens, Element der Luft,*
> *schütze mich und schenke mir deine Kraft."*

Jetzt zünden wir die *Kerzen* an und sagen:

> *„Kraft des Südens, Element des Feuers,*
> *schütze mich und schenke mir deine Kraft."*

Wir heben den *Kelch* und sagen:

> *„Kraft des Westens, Elemente des Wassers,*
> *schütze mich und schenke mir deine Kraft."*

Nun nehmen wir den *Edelstein* zur Hand und sagen:

> *„Kraft des Nordens, Element der Erde,*
> *schütze mich und schenke mir deine Kraft."*

Mit dem *Wasser* des Kelches besprenkeln wir vorsichtig den Altar und sprechen dann folgende Worte:

> *„Die Reinheit dieses Wasser schütze mich*
> *und mein ganzes Umfeld."*

Wir nehmen den *Stein* in die Hand und sprechen dann die folgenden Worte:

> *„So stark und fest wie du bist, soll auch die*
> *Mauer um mich herum ein Schutz sein."*

Die *Feder*, leicht wie die Luft, heben wir kurz an und sagen:

> *„Die Kraft des Windes soll alles wegblasen,*
> *das nicht zu mir gehört."*

Wir konzentrieren uns auf die *Kerzen*, spüren ihr Licht und ihre Kraft und sprechen:

> *„Lasst Wärme und Liebe in mein Heim,*
> *schützt es mit eurer sanften Kraft. So sei es!"*

WUNSCHRITUALE

„Der Langsamste, der sein Ziel nicht aus den Augen verliert, kommt schneller an als jener, der ohne Ziel herumirrt."

Die Wunschschnur

Wir führen dieses Wunschritual zum *Neumond* durch. Dazu benötigen wir eine *Schnur* von ungefähr 30cm Länge.

Wir gehen in den Schutzkreis. Dann visualisieren wir ein erwünschtes Ziel und machen dabei einen *Knoten* in die Schnur. Falls wir möchten, fahren wir weiter mit dem nächsten Ziel und machen einen weiteren Knoten, bis alle Wünsche durchdacht sind.

Wir weihen dieses Knotenband mit der Magie des Neumondes, indem wir die folgenden Worte sprechen:

> *„Lieber Mond so hell und klar*
> *du bist einfach wunderbar -*
> *genauso wie dein Licht so hell*
> *lass wachsen meine Wünsche schnell."*

Die Schnur stecken wir in die Hosen-, oder Handtasche und tragen sie bis zum *Vollmond* bei uns. Jedes Mal, wenn wir sie berühren, aktivieren wir die magische Energie der Wunscherfüllung. Um diese Kraft zu intensivieren, nehmen wir die Schnur jeden Abend und jeden Morgen in die Hände und lassen die Knöpfe durch unsere Finger gleiten; dabei visualisieren wir bei jedem Knopf unsere Ziele, als wären sie schon Wirklichkeit.

Wunschbeutel

Wir benötigen dazu: *Eine weisse Tischdecke, drei kleine Teekerzen, eine Schale mit Wasser, eine Feder, drei Zettelchen, einen Rotstift, mehrere Münzen, ein viereckiges Stück feinen Stoffes, einen Bindfaden, eine feuerfeste Schale und Rosenblätter.*

Wir decken unseren Altar mit einem schönen weissen Tuch und allen Elementen, der Wasserschale, den Kerzen, der Feder und den Münzen. Auf jedes der drei Zettelchen schreiben wir *das Wort „LIEBE"* und legen diese unter die drei Kerzen. Diese zünden wir nun an und begeben uns in eine von Liebe erfüllte Stimmung, zum Beispiel, indem wir an einen geliebten Menschen denken. Wir nehmen die Rosenblätter in die Hände, geben unser Liebesgefühl in Gedanken in sie hinein, legen die Blätter auf das Stück Stoff und binden die Ecken zu einem Säckchen zusammen.

Dieses Säckchen tragen wir ab diesem Moment mit uns herum, bis der Wunsch in Erfüllung gegangen ist. Erst danach leeren wir den Inhalt in ein *fliessendes* Gewässer, auf das die Wunschenergie weiterfliesse zu jenen Menschen, die sie brauchen können. Die Kerzen lassen wir bis etwa zur Hälfte herunterbrennen, danach löschen wir sie zwischen dem angefeuchteten Daumen und dem Zeigefinger.

BEFREIUNGSRITUALE

„Vergebung heisst, dass man aufhört, sich eine bessere Vergangenheit zu wünschen." (Jack Kornfield)

Befreiung von Abhängigkeiten
Viele von uns tragen schwere Lasten mit sich. Sei dies eine *Angst*, eine *Sucht* (wie Rauchen, Alkohol, Fernsehsucht Internetsucht), ein Gefühl des *Mangels* oder einen alten Groll. Die folgenden Rituale sollen nicht eine allenfalls notwendige professionelle Hilfe (Arzt, Psychiater) ersetzen, sie unterstützen uns jedoch bei unserem Bestreben, die erwähnten Lasten abzulegen, hinter uns zu lassen. Diese Loslass-Rituale finden immer bei *Vollmond* statt.

Lebewohlritual
„Manchmal erkennt man erst am Ende des Weges, warum man ihn gehen musste."

Manche Menschen tun uns nicht *(oder nicht mehr)* gut. Nach einer Zeit des Zweifels kommt die Gewissheit, dass dieser Mensch nicht mehr in unser Leben gehört. Um den Abschied möglichst reibungslos zu gestalten, können wir diesen mit folgendem Ritual unterstützen:

Wir benötigen dazu:
- *Zwei Fotografien*
(Ein Bild von uns selbst, eines von der Person, die wir loslassen möchten)
- *Zwei Kerzen – eine dunkle und eine weisse*
- *Eine Nadel (zum Ritzen)*
- *Ein schwarzes Band und eine Schere*

Dieses Ritual führen wir an einem Samstag, dem *Saturntag* durch. Wir gehen in den Schutz-Kreis und rufen die vier Elemente auf, uns zu unterstützen. Wir fragen unsere drei Steine, ob wir dieses Ritual heute durchführen dürfen und ob es richtig ist, uns von einem bestimmten Menschen zu trennen. Wenn ein klares „Ja" kommt, nehmen wir die Nadel und ritzen den Namen besagter Person auf die dunkle Kerze, unseren eigenen Namen auf die weisse Kerze. Wir binden das schwarze Band um beide Kerzen und stellen diese so weit auseinander, dass das Band straff gezogen wird. Die beiden Fotos legen wir zwischen die Kerzen unter das gespannte Band.

Wir weihen die Kerzen, indem wir die Kraft des Feuers bitten, die weisse Kerze symbolisch für uns, die dunkle für die andere Person zu personifizieren. Dazu sprechen wir folgenden Satz:
„Kraft des Feuers, lass diese helle Kerze in meinem Namen leuchten, die dunkle Kerze im Namen von … (Namen aussprechen)."

Dann nehmen wir die Schere in die Hand und sagen:
„Mit dieser Schere schneide ich jegliche Verbindung mit (Name der Person) durch. Uns beiden wünsche ich Liebe und Glück auf unseren getrennten Wegen. Ich danke für die Erfahrung, die wir zusammen machen durften."

Jetzt schneiden wir das Band durch und stellen die Kerzen auf die jeweiligen Bilder. Wir schliessen die Augen und stellen uns in Gedanken vor, wie beide glücklich ihres Weges gehen und keiner dabei zurückschaut. Nach einigen Minuten öffnen wir die Augen und rücken die Kerzen samt den Fotos etwas voneinander weg und gehen nochmals in das gute Gefühl, frei und unbeschwert getrennte Wege zu gehen.

Tief im Herzen sagen wir uns: *"Möge dies dir richtige Entscheidung sein und niemandem schaden."*

In den nächsten Tagen zünden wir die Kerzen jeden Abend an und stellen sie dabei immer etwas weiter voneinander weg.

Umwandlung von Negativem in Positives
Wenn wir negative Energie in positive umwandeln wollen, dann brauchen wir eine *Reversible-Kerze*. Diese finden wir in Esoterikgeschäften. Sie sind in der Regel innen Rot und aussen Schwarz. Wir gehen in den Schutzkreis, bitten die Elemente um ihre Unterstützung, zünden die Reversible-Kerze an und visualisieren die negative Situation, wie sie sich langsam wandelt und immer mehr in eine positive Lösung übergeht. Sobald wir spüren, dass es *"vollbracht ist"*, geben wir unsere ganze positive Kraft in die Kerze hinein und lassen diese ab sofort jeden Tag mindestens eine Stunde brennen.

Der Selbststärkungs-Zauber
"Habe keine Angst, Neues anzupacken! Denke daran: Amateure haben die Arche Noah gebaut, Profis die Titanic!"

Wir benötigen dazu:
- *Einen Handspiegel und ein weisses T-Shirt*
- *Vanille- oder Salbeiöl*

Das Ritual wird bei *Vollmond* durchgeführt, idealerweise an einem Dienstag oder Samstag. Da viele Hexen sehr sensibel sind, sind sie auch für Fremdenergien empfänglich, was manchmal ganz schön unangenehm werden kann. Besser ist es, sich zu schützen, sich zu stärken.

Wir ziehen uns das weisse T-Shirt über und gehen in den Schutzkreis. Dort gehen wir *dreimal gegen den Uhrzeiger* rundherum und verbinden uns mit den Elementen, mit allen Kräften der Himmelsrichtungen. Dann setzen wir uns an den Altar, nehmen den Spiegel in die rechte Hand und betrachten uns darin. Wir lassen alle Gedanken los. Falls uns dies schwer fällt, können wir uns bildlich vorstellen, wie wir an einem Fluss sitzen und die Gedanken wie das Wasser an uns vorbeiziehen. Immer tiefer gleiten wir in eine entspannte Trance.

Vorsichtig legen wir den Spiegel zur Seite und geben nun einige Tropfen des Öls auf die Spiegelfläche, streichen es mit dem Zeigefinger langsam *im Uhrzeigersinn* zu einem Kreis. Dabei sprechen wir folgende Worte:

„Das bin ich,
Stark und voller Liebe.
Ich glaube an mich,
Nutze meine Kraft in Liebe.
Die Kraft, die mich erfüllt,
Spiegelt mein Selbst,
Ich BIN diese Kraft.
So sei es!"

Das T-Shirt ziehen wir nun aus, wickeln es um den Spiegel und legen es auf unseren Altar. Schon ab dem nächsten Tag können wir das T-Shirt jedes Mal tragen, wenn wir besonders viel Schutz und Stärke brauchen.

Schiff des Abschieds

Auf einen Papierbogen schreiben wir alles auf, was wir loslassen respektive loswerden möchten. Das Blatt falten wir dann zu einem Papierschiffchen *(kennen wir noch aus der Kindheit, oder finden wir als Anleitung im Internet)* und bringen es bei *Vollmond* zu einem Fluss, einem Kanal oder See. Dort geben wir dem Schiffchen einen kleinen Stoss - und lassen alles Überflüssige oder Unerwünschte vom Wasser davontragen.

Neue Freiheit
Dieses Ritual ist ideal, wenn wir an etwas oder jemandem hängen, das/der uns nicht gut tut. Am besten führen wir das Ritual an einem *Freitag bei Vollmond* durch, oder bei abnehmendem Mond.

Wir benötigen dazu:
- *Einen Zweig Salbei und 8 Rosenblätter*
- *Eine kleine Garten-Handschaufel*

Wir gehen in den Schutzkreis und rufen die vier Elemente auf. Am Altar schreiben wir auf einen Papierbogen dreimal hintereinander folgenden Spruch auf:

„Ich habe die freie Wahl! Ab sofort ist mir (Name der Person oder Gegenstand einsetzen) völlig gleichgültig!"

Wenn die Abhängigkeit extrem fest und tief sitzt, können wir zusätzlich eine Fotografie der Person oder der Sache, die wir loswerden möchten, auf den Altar legen. Wir öffnen den Schutzkreis, nehmen die Handschaufel, den Papierbogen (und/oder das Foto), den Zweig Salbei, die 8 Rosenblätter und gehen hinaus an einen ruhigen Ort, am besten ins Grüne. An einer *Weggabelung* graben wir ein Loch in die Erde und legen das Blatt Papier hinein, darüber den Zweig Salbei und die acht Rosenblätter. Wie bei einem Begräbnis sprechen wir die Worte:

„Ab heute bist du nicht mehr in meinem Leben. Ich begrabe jede Verbindung, die wir noch miteinander haben, denn jetzt bin ich wieder frei - frei für die Liebe und das Leben. Danke!"

Ohne uns umzudrehen und ohne weiteren Gedanken an diesen Menschen *(resp. diese Sache)* gehen wir unseren Weg zurück und fühlen uns mit jedem Schritt leichter und leichter.

Das Orakel befragen

Spiegelbild im Wasser - Frage an meine Seele
Dieses Ritual vollführen wir an einem Vollmondabend oder kurz vor Vollmond, nach Einbruch der Dunkelheit. Auf keinen Fall bei Neumond.

Wir benötigen dazu:
- *Eine weisse Kerze*
- *Eine mit Wasser gefüllte, undurchsichtige Schale*

Wir begeben uns in den Schutzkreis und setzen uns an den Altar. Die Kerze wird so positioniert, dass sie die Wasserschale gut beleuchtet. Unser Gesicht halten wir über die Schale, so, dass wir unser Spiegelbild darin erkennen können. Wir rufen die Kräfte der vier Elemente zu uns und bitten sie um höchste Unterstützung. Mit dem Blick auf die Wasseroberfläche und dessen Spiegelungen gerichtet sprechen wir leise vor uns hin:

„Geistige Kräfte, grosse Mächte
Kraft der Tage und der Nächte
Lasst mich Positives wissen
Negatives will ich missen
Zeigt mir nun im wahren Licht,
Was mein Zauber mir bericht'."

In einem Zustand meditativer Ruhe schauen wir auf die Wasseroberfläche und lassen alle Gedanken los. Ganz allmählich verändert sich das gespiegelte Gesicht, und es kommen neue Bilder, Gefühle und Intuitionen an die Oberfläche. Diese befragen wir, bringen unser Anliegen vor.

Wenn uns ein Bild nichts sagt, oder wir eine neue Frage stellen wollen, bringen wir das Wasser mit einem Finger in Bewegung und warten wieder auf die neuen Bilder und Eindrücke. Dies können wir maximal drei Mal pro Session tun. Danach bedanken wir uns bei den Kräften, die uns unterstützt haben, und öffnen den Schutzkreis wieder.

Apfelschalen-Liebesorakel
Wir schälen einen Apfel vom Blütenansatz bis zum Stiel, ohne die Schale zu zerreissen, so, dass eine Apfelschalengirlande entsteht. Nun schwingen wir die Girlande vorsichtig dreimal um den Kopf und werfen sie hinter uns. Wenn sie nach dieser Prozedur immer noch ganz ist, bilden ihre Verschlingungen den Anfangsbuchstaben des Namens derjenigen Person, mit welcher wir in nächster Zeit eine Bindung eingehen.

Ring-Liebesorakel
Dieses Orakel beantwortet uns die Frage, ob und wann wir die grosse Liebe finden. Wir benötigen dazu:

- *Ein Glas, zu 3/4 mit Wasser gefüllt*
- *Ein (eigenes) Haar*
- *Einen goldenen Ring*

An einem magischen Abend (Vollmond, Neumond, Sonnenwende, Neujahr) befestigen wir den goldenen Ring (z.B. Ehering) an einem Haar, das wir uns selbst ausgerissen haben. Wir befestigen den Ring an diesem Haar und lassen ihn knapp über dem dreiviertelvollen Glas schweben. Nun warten wir ab, die Hand so ruhig wie möglich, bis der Ring sich wie von alleine bewegt und schliesslich an den Rand des Glases schlägt.

Manchmal braucht es eine gute Portion Geduld, bis der Ring ausschlägt, aber nachhelfen dürfen wir nicht, sonst ist der ganze Zauber umsonst! Schlägt der Ring dann endlich aus, zählen wir mit: Klopft er *einmal* an die Wand des Glases und dann nicht mehr, so wird noch ein Jahr vergehen, bis wir unserer grossen Liebe begegnen. Schlägt er rhythmisch mehrmals an, so entspricht die Anzahl der Schläge den Anzahl Jahren, bis uns diese Liebe über den Weg läuft *(oder aus dem Schatten kommt, manchmal kennen wir die Person ja schon, haben sie aber noch nicht mit den richtigen Augen angeschaut...).*

Schlägt der Ring trotz aller Geduld gar nicht an, bedeutet dies, dass man noch eine Weile *Single* bleibt - und dass dies so auch seine Stimmigkeit hat, denn:

> *„Allein sein müssen ist das Schlimmste -*
> *Allein sein können das Höchste!"*

Kiesel-Orakel

Wenn wir wissen wollen, ob wir im kommenden Jahr eine feste Beziehung finden oder gar heiraten werden, so greifen wir uns einfach eine Handvoll (Kiesel-)Steine aus einem offenen, fliessenden Wasser mit kiesigem Grund. Halten wir dann eine **gerade** Zahl Kieselsteine in der Hand, so ist eine feste Beziehung oder die Heirat wahrscheinlich. Ist die Anzahl *ungerade,* werden wir in der nächsten Zeit eher noch *Single* resp. ledig bleiben.

Amulett & Talisman

Ein Amulett ist ein Gegenstand mit Schmuckcharakter, den man üblicherweise an einer Kette trägt und der dazu dienen soll, bestimmte Dinge abzuwehren oder anzuziehen, uns vor Bösem zu schützen oder uns Glück zu bringen. Ein selbst hergestelltes Amulett ist deutlich wirksamer als ein im Esoterikgeschäft gekauftes. Schliesslich handelt es sich um ein einfaches Schmuckstück, das durch Rituale, unseren Glauben, positive Gedanken und Wünsche *„aufgeladen"* wird.

Verschiedenartige Symbole können das Amulett noch stärker machen. Je nach Land und Kultur sind dies zum Beispiel die Hand der Fatima, Runen, Pentakel, Kruzifixe, Hieroglyphen etc. Während das Amulett in ‚beide Richtungen' wirkt - also Gutes anzieht und Böses abwehrt - ist ein Talisman ein Gegenstand, der ausschliesslich Glück bringen soll. Oft ist dies ein kleiner Gegenstand aus Metall oder Stein, der an der Kleidung getragen oder in Häusern und Wohnungen angebracht wird.

Aus astrologischer Sicht habe ich die Erfahrung gemacht, das Feuerzeichen und Luftzeichen eher Talismane wählen, während Erdzeichen und Wasserzeichen Amulette bevorzugen.

Amulette & Schutzzauber in verschiedenen Kulturen

Ägypten

Die alten Ägypter hatten vielerlei Talismane verschiedener Stärken. Die verwendeten Materialien waren oft Steine aller Arten, Edelmetalle, Elfenbein und Muscheln. Zwei der am stärksten wirkenden Talismane seien hier erwähnt:

Ankh (das Henkelkreuz): steht für das (ewige) Leben.

Skarabäus: der „*Glückskäfer*" ist auch bei uns vielen bekannt. Er ist dem Gott der Schöpfung gewidmet und bringt dem Träger grosses Glück.

Arabien & Persien
Im arabisch-persischen Raum sind Amulette seit jeher kulturell stark verankert. Sie schützen Heim und Besitz vor Bösem, und natürlich schützen sie auch vor dem berüchtigten *bösen Blick*. Waren diese Amulette früher vermehrt aus Stein, Holz oder Knochen, reicht heute ein Stück Papier mit einem kurzen Gebet, ein schützendes Auge aus Edelstein oder Glas, oder ein kurzer Absatz aus dem Koran. Auch Namen der vier islamischen Engel, Planetensymbole oder Gottessymbole wurden als Amulette getragen.

Keltische Kulturen
Die keltischen Völker benutzten Amulette in Form von menschlichen oder tierischen Gestalten. Auch fussförmige Anhänger waren populär, ebenso durchlochte Steine, Tierzähne, Muscheln und Schnecken.

Europa

Auch vor Europa hat der Brauch rund um Amulette und Talismane nicht Halt gemacht - obschon sich die Europäer diesbezüglich gerne bei fremden Kulturen bedienten. Besonders beliebt sind: Das Pentagramm, das keltische Kreuz, das Kruzifix, die Hand der Fatima, Engelsfiguren, diverse zu Schmuck verarbeitete Halbedelsteine und vieles mehr. Auch werden Pflanzen in diverse Amulette eingearbeitet, ausgewählt aufgrund ihrer spezifischen Eigenschaften. Weitere bekannte Glücksbringer sind Hasenpfoten, Fuchsschwanz, Tierzahnketten, Federketten und Felle von *„schnellen"* Tieren. Wenn man genau hinschaut erkennt man den symbolischen Gehalt dieser Talismane.

Halbedelsteine - Mineralische Amulette

Auch Halbedelsteine und Edelsteine *(heute weniger wegen dem hohen Preis)* sind beliebte Talismane. Kugeln aus Bergkristall stehen für Klarheit im Leben. Man denke an die Kristallkugel der Wahrsagerin, die ihr den klaren Blick *(für Wahrheit und Zukunft)* verleiht. Achat, Amethyst und Bernstein gelten als guter Schutz für Mensch und materielle Dinge.

Das eigene Amulett herstellen

Amulette wirken am stärksten, wenn sie an einem Donnerstag, Freitag oder Sonntag hergestellt werden. Die Planeten Jupiter und Venus sowie die Sonne stärken sie. Die idealen Mondphasen sind von Neumond bis Vollmond. Die Materialien wählen wir nach Sympathie und Eigenschaft des spezifischen Materials aus. Einige Materialien, die sich gut eignen und gut bearbeitet werde können, sind: Holz, Stoff, Federn, Knochen, Speckstein, Papier oder Karton, Edelmetalle, Pflanzenteile *(Wurzeln, Rinde)* oder Fell.

Das Wichtigste ist, dass wir uns mit der Wahl des Materials wohlfühlen, dass es sich stimmig anfühlt. Anbei einige einfache herzustellende Amulette und Talismane:

Grisgris *(ausgesprochen: Gri-gri)* ist die Bezeichnung für ein religiösmagisches System aus der Voodoo-Religion, das im Jahr 1720 von den Sklaven aus dem Senegal nach New Orleans gebracht wurde. Der Grisgris wird mit allerhand magischen Kräutern gefüllt. Einmal aktiviert und verschlossen, wird er wie ein Talisman versteckt am Körper getragen oder als Anhänger um den Hals. Das  Amulett schützt den Träger vor Bösem und bringt ihm Glück.

Das Kupferbriefchen – wird flach ausgelegt und gleichfalls mit magischen Kräutern *(siehe Kapitel: „Hexens kleine Kräuterküche")* gefüllt - natürlich massgeschneidert gemäss den eigenen Wünschen und Bedürfnissen, und somit gemäss den Eigenschaften unserer Kräuter und Pflanzen.

Der Sonnentalisman eignet sich vor allem für eine Steigerung des Erfolgs im *Geschäftsleben*. Wir benötigen dazu:

- *Eine rote, orange oder goldene Kerze*
- *Ein Kohlestück*
- *Eine feuerfeste Schale und ein Stück Kordel*
- *Einen Teelöffel Weihrauch*
- *Eine runde Tonscheibe*
(oder einen flachen Stein mit einem Loch von 2-4cm Durchmesser)
- *Goldfolie, um die Tonscheibe/den Stein zu umwickeln*
- *Einen stumpfen Stift*
- *Eine Prise Salz, Muskat und Zimt*

Dieses Ritual führen wir an einem Sonntag bei zunehmendem Mond durch. Wir begeben uns in den Schutzkreis und zünden die Kerze an, ebenfalls das Stück Kohle in der feuerfesten Schale und streuen den Weihrauch darauf. Wir bitten die Sonne, unserer Firma/unserem Unternehmen ihre volle Kraft zu schenken. Dies geschieht mit folgenden Worten:

„Grosse Kraft der goldn'en Sonne
Bring mir Macht, Erfolg und Wonne
Lass mein Unternehmen spriessen
Geld und Fülle zu mir fliessen!
So sei es!"

Wir umwickeln die Tonscheibe (den Stein) nun mit der goldenen Folie, so dass ein goldener Ring entsteht: unser Talisman. Dann ritzen wir rund um das Loch *„Strahlen"*, damit eine Art Sonne entsteht. Über unseren Talisman streuen wir je eine Prise Salz, Muskat und Zimt und sprechen folgende Worte:

„Strahle mit Erfolg und Glück
Auf mein weiteres Geschick.
Dein Segen soll mich nun begleiten
Neben mir einher stets schreiten.
So sei es!"

Den Sonnentalisman hängen wir an die Kordel und tragen ihn fortan um den Hals. Alternativ kann der Talisman bei uns zu Hause an die höchste Stelle unseres Heims gehängt werden, von wo er auf uns herunterleuchtet.

Ein **Liebes-Amulett** zieht - selbsterklärend - die Liebe an, zieht sie in unser Leben hinein. Wir benötigen dazu:

- Einen (Halb-)Edelstein
- Eine Kupfermünze (Element Venus)
- Alternativ ein Stück Kupferfolie
- Ein Stück Kupferdraht
- Ein rosafarbenes Blütenblatt und eine Rose

Die Rose stellen wir in einer Vase auf unseren Altar. Liebesamulette wirken am stärksten, wenn man sie an einem *Neumond*, idealerweise an einem *Freitag* herstellt. So kann die Liebe mit der zunehmenden Mondkraft noch weiter wachsen. Noch optimaler gelingt das Werk, wenn es auf unseren Geburtsmonat fällt. Das Blütenblatt laden wir mit der Energie der Mondkraft auf, indem wir es auf der offenen Hand aus dem Fenster halten, mit direktem Blick zum Mond. Nach einigen Minuten falten wir das Blütenblatt und legen es zwischen Kupfermünze und Edelstein. Wir binden das Ganze mit dem Kupferdraht zu einem kleinen Paket, und bereits haben wir unser Liebesamulett. Dieses können wir nun an einem Lederband befestigen und es als Halskette tragen. *(Alternativ am Handgelenk, in der Tasche, oder an einem sympathischen Plätzchen im eigenen Heim, wo man sich viel aufhält).*

Das Liebes-Amulett einweihen
Bevor wir ein Amulett benutzen, *weihen* wir es gebührlich in unserem Schutzkreis ein: Wir benötigen dazu:

- *Ein Liebesamulett (idealerweise unser selbst hergestelltes)*
- *Zwei rote Kerzen*
- *Weihwasser (ist in Kirchen erhältlich)*

Die zwei roten Kerzen stellen wir rechts und links auf den Altar, das Amulett kommt in die Mitte. Wir begeben uns in den Schutzkreis. Mit dem Weihwasser besprengen wir den Altar und konzentrieren uns auf das Amulett. Dann sprechen wir folgende Worte:

> *„Venus, heilige Göttin der Liebe, der Schönheit und der Sinnlichkeit,*
> *weihe mit mir dieses magische Amulett und schenke ihm die Kraft,*
> *die Liebe in mein Leben zu bringen.*
> *Lass die grosse Liebe in meinen Alltag kommen*
> *und bei mir verweilen. So sei es!"*

Schutz-Amulett
Wir benötigen: Ein Stück *Pappe (6x6cm, quadratisch)*, *Goldfolie*, eine weisse *Kerze* und einen stumpfen *Stift* zum Ritzen. Wir begeben uns in den Schutzkreis und entzünden auf dem Altar die weisse Kerze. Die Pappe umwickeln wir mit der Goldfolie. Nun ritzen wir auf die Folie folgende magische Worte:

SATOR
AREPO
TENET
OPERA
ROTAS

Wir legen das Amulett eine Nacht lang bei *Neumond* auf die Fensterbank, damit es sich mit der Kraft des Mondes auflädt. Danach können wir das Amulett bei uns tragen *(an einer Kette, in der Brieftasche)*. Zwischendurch können wir es hin und wieder eine Nacht lang bei Neumond erneut aufladen; so bleibt das Amulett in seiner Wirkung stark.

Schmuck-Amulett
Als Schmuckstück gibt es in allen möglichen Edelmetallen *(in Kupfer, Messing, Silber, Gold), Pentagramme, Henkelkreuze und Ohmsymbole,* die einen guten Schutz bieten.

Solche Schmuck-Amulette *weihen* wir ebenfalls wie oben beschrieben ein, bevor wir sie benutzen.

Glücks-Amulett
Ein solches fertigen wir idealerweise an einem Donnerstag oder Sonntag an, bei *zunehmendem Mond*. Wir benötigen dazu:

- *Eine rote Kerze*
- *Ein Stück Leinen ca. 20 x 20cm*

- *Rotes, gelbes, grünes und blaues Stickgarn*
- *Einen Rosmarinzweig*
- *Einen Birkenzweig*
- *Je ein (feines) gelbes, weisses und violettes Band (10cm)*

Wir begeben uns in den Schutzkreis und verbinden uns mit den Kräften der vier Elemente. Wir zünden die Kerze an und breiten unsere Utensilien auf dem Altar aus. Aus dem Leinenstoff nähen wir einen kleinen *Beutel*. Darauf sticken wir mit dem farbigen Garn unser persönliches Glückssymbol (z.B. Jupitersymbol, Anker, Herz). Wir zupfen die Nadeln vom Rosmarinzweig und füllen diese in den Beutel. Rosmarin ist ein sehr wirkungsvolles Mittel gegen alles Böse und wirkt allgemein schützend. Um den Birkenzweig flechten wir die drei farbigen Bänder zu einem Zopf. Dabei konzentrieren wir uns auf ein tiefes Glücksgefühl, ein Glück auf allen Ebenen, so als wäre alles in bester Ordnung - sei dies in der Familie, in unserem Heim, bei der Arbeit.

Den Birkenzweig samt Zopf stecken wir auch in den Beutel. Diesen binden wir nun oben zusammen und halten ihn über die Kerzenflamme. Noch tiefer gehen wir in das Glücksgefühl, in das tiefe Wissen, dass alles perfekt ist. In dieser Energie halten wir unseren Glücksbeutel an unser Herz und lassen unser inneres Glück in diesen hinein fliessen. Die Kerzen lassen wir noch einige Minuten brennen. Danach öffnen wir den Schutzkreis und visualisieren nochmals, wie die ganze darin aufgebaute Glückskraft in unseren Glücksbeutel fliesst.

Von diesem Augenblick an tragen wir den Beutel bei uns und lassen seine Kräfte vertrauensvoll wirken. *„So sei es!"*

Glücks-Talisman

Einen solchen Talisman fertigen wir an einem Donnerstag oder an einem Sonntag an, bei *zunehmendem Mond*. Wir benötigen dazu:

- *Eine Kerze*
- *Ein rundes, im Durchmesser ca. 10cm grosses Lederstück*
- *50cm Faden*
- *Eine Nadel*
- *Einen Lieblings- Edelstein*
- *Ein Salbeiblatt und Eine Prise Salz*

Wir begeben uns in den Schutzkreis und verbinden uns mit den Kräften der vier Elemente. Wir zünden die Kerze an und breiten unsere Utensilien auf dem Altar aus. Wir *umnähen* den Lederrand *(ca. 1cm vom Rand weg)* mit kleinen lockeren Stichen so, dass wir mit einem späteren Zusammenziehen des Fadens ein *Säckchen* formen können. In die Mitte des Lederstücks legen wir unseren Stein, zerstückeln das Salbeiblatt und streuen es über den Stein. Darüber streuen wir jetzt eine Prise Salz und ziehen den Faden langsam eng zusammen, so dass sich das Säckchen oben verschliesst. Wir halten das fertige Säcken in der *linken Hand* und konzentrieren uns auf das Feuer der Kerze. In leichter Trance fühlen wir uns ein ins grösste Glücksgefühl, das wir kennen und sagen:

> *„So geborgen, wie du in meiner Hand*
> *So voll Glück, stark wie ein Band*
> *So sollst du mich begleiten*
> *Stets Gutes mir bereiten*
> *Ich vertraue mit Sonnenschein*
> *So und nicht anders soll es sein!"*

Von diesem Moment an soll uns dieser Talisman überall hin begleiten. Talismane und Amulette sind zudem sehr schöne Geschenke!

Heilritual gegen Kummer & Schmerzen

Wo Schutz und Energie sind, wirken auch Heilrituale sehr intensiv. Wir gehen ins Freie, möglichst in eine ländliche Gegend. Dort pflücken wir drei Blumen *(zur Not kann man diese auch kaufen)* und legen diese vor den Fuss einer *Eiche*. Dann legen wir beide Handflächen auf den Baumstamm, fühlen dessen Ruhe und Kraft, und sprechen folgende Worte:

> *„Mächtige Eiche, so wie du hier stehst,*
> *in deiner ruhigen Kraft, so wie dein Herz*
> *frei von Kummer und Schmerz ist,*
> *so bin fortan auch ich, frei von Schmerz und ohne Leid.*
> *So sei es!"*

Glücks-Symbole

Natürlich gibt es auch unter den unzähligen bekannten und weniger bekannten Symbole starke Glücksbringer. Symbole, wie Sonne, Mond, Sterne und Herz sind uns wohl bekannt. Anbei ein paar interessante und wichtige Details, die uns bei der Auswahl des ‚*richtigen*' Symbols helfen:

Die **Sonne** ist das Zentrum, der Herzschlag des Himmels, der Beginn von jedem Zyklus. Von ihr hängt alles Leben auf der Erde ab. Die tägliche Wiederkehr der Sonne wurde schon in vielen Völkern und Kulturen gefeiert und in magischen Ritualen beschworen. Die Sonne ist das Symbol reiner Energie, das Zeichen für Fortschritt und Entwicklung.

Der **Mond** steht für unsere Gefühlswelt und für den Wandel. Das Mond-Symbol findet sich oft auf Talismanen. Der Mond fördert die Entwicklung auf der Seelenebene, denn Leben und Entwicklung bedeutet Wandlung. Wie der Mond auf seinem Weg *(aus astrologischer Sicht)* alle zwei Tage das Element wechselt, begleitet er uns mit der diesem Element innewohnenden Kraft.

Der **Stern** ist ein Symbol der Hoffnung und der Zukunft. Er schmückt unseren Himmel in seiner Vielfältigkeit und zeigt uns ein Bild strahlender Diamanten. Das Betrachten des Sternenhimmels aktiviert unsere Hoffnungen und lässt sie wachsen. So steht der Stern auch für jedes Projekt, jeden Wunsch und alles Glück, das wir erreichen möchten. Das Pentagramm, der fünfzackige Stern, dient in Form eines Amuletts als Schutz und als Glücksbringer.

Das ***Herz*** ist weltweit das Symbol der Liebe und des Lebens. Liebe ist eine unbeschreibliche Kraft, und dieses Symbol unterstützt uns daher in allen Lebensbelangen wie Partnerschaft, Beruf und Kreativität. Das Symbol hilft uns auch dabei, uns selber zu lieben, was sehr wichtig ist. Denn nur, wenn wir uns selbst lieben, können wir auch *„unseren Nächsten"* lieben.

DIE BEDEUTUNG VON NAMEN

Namen, wie alles in diesem Universum, sind Energie. Alles, was uns näher bezeichnet - Namen, Geburtstag, etc. - ist kein Zufall, sondern trägt eine ganz besondere Energie, die viel über uns aussagt. Namen haben für dessen Träger eine grosse Bedeutung, auch, ob sie abgekürzt und wie sie ausgesprochen werden. Jeder Buchstabe hat seine eigene individuelle Energie, die wir mit uns tragen - oder verlieren, wenn wir unseren Namen verändern oder abkürzen. Wer genau darauf achtet fühlt, wie verschieden man sich fühlt, je nachdem, ob man mit dem vollen, richtigen Namen angesprochen wird oder einer willkürlichen, witzigen oder gar despektierlichen Variation. Fühlen wir uns doch gleich selber einmal in den Unterschied hinein:

- Barbara - oder Babsi
- Elisabeth - oder Lisa, Liz, Bethli, Liseli
- Isabelle - oder Isa

Oft lassen unsere Mitmenschen ausgerechnet die stärksten Buchstaben weg, wie zum Beispiel den *Buchstaben „A"*. Dieser verkörpert die Energie der Durchsetzung, den Beginn, den Mut und die Kraft. Was geschieht wohl mit dem Genannten, wenn man ihm genau diesen Buchstaben wegnimmt?
Solche Namensamputationen geschehen nicht immer zufällig: oftmals steckt dahinter ein Machtkampf, indem der eine Mensch den anderen bewusst oder unbewusst schwächen, in seine Schranken weisen oder gar unterdrücken will. Nicht selten geschieht es umgekehrt, dass ein Mensch irgendwann aus einem jahrelang ertragenen Scherznamen wie *„Mäus-*

chen" plötzlich zu seiner *wahren Identität* als „Alexander", als „Rudolph" erwacht und bald über sich selbst hinauswächst, sich seinen Mitmenschen gegenüber endlich Respekt verschafft. Wer kennt ihn nicht, den Merkspruch *„Nomen est Omen"*: der Name sagt vieles über seinen Träger aus!
Aus astrologischer Sicht passt der Name *Peter* zum Beispiel zur Kraft des Steinbocks. Häufig sind Menschen mit diesem Namen ehrgeizig, streben dem Gipfel *(der Karriere)* zu, sind dabei jedoch oft eher distanziert oder unnahbar. Meist haben sie ihr Leben gut unter Kontrolle. Der Name *Ursula* symbolisiert eher die Fische-Qualitäten. Diese Menschen sind oft ausgesprochen sensibel, intuitiv und haben nicht immer die einfachsten Lebensgeschichten; dafür sind diese oft tiefgründig, muten *„karmisch"* an. Diese Grundenergie wirkt selbst dann, wenn sich die Trägerinnen zu einer Ursi oder Uschi machen lassen, was ihre Kraft eher weiter schwächt. In den heutigen modernen Zeiten ist es bei vielen Menschen im Trend, sich indische *(oder schamanische) Leihnamen* anzueignen. Aus der Sicht der weisen Hexe ist dies keine gute Idee, da wir mit der Namensänderung automatisch in eine uns fremde Energie geraten, die uns eher durcheinander bringt als fördert.

Der eigene Name ist wie unser Horoskop. An diesem Tag, an diesem Ort, zu dieser Zeit ist die Zeitqualität diejenige, die in den Planeten unsere ganze Geschichte und Persönlichkeit wiederspiegelt. Ich kann nicht einfach ein neues, „schöneres" Horoskop zeichnen und glauben, ab heute gelte dieses nun für mich. Das Horoskop wird nicht umsonst auch Radix genannt, was auf Lateinisch *„Wurzel"* bedeutet. Namen zeigen uns unsere Wurzeln, die wir nicht willkürlich ändern oder leugnen können. Selbst im Fall einer Adoption bleiben unsere leiblichen Eltern unsere Wurzeln, auch wenn die *„neuen"* Eltern uns sicher auch beeinflussen. Unser Name widerspiegelt also genau wie das Horoskop unsere Aufgaben in diesem Leben und sollte daher in seiner vollen Länge ausgesprochen werden. Es ist ein Versuch wert, diese aufbauende Veränderung zu beobachten.

DIE KRAFT DER ZAHLEN

Auch Zahlen sind nur *eine* Form von Energie, Träger von Information. Zahlen und ihre Kombinationen haben also ganz bestimmte Bedeutungen - so auch unsere Geburtszahlen. Genau wie unser Name sind auch sie kein Zufall in unserem Leben, sondern eine Assoziation, eine Information, die ganz unmittelbar mit uns zusammenhängt. Unsere Geburtszahlen beinhalten unsere Stärken und Schwächen, sagen alles möglich über uns aus. Zahlen kann man aber auch nutzen, indem man sie rituell anwendet, ihre Kraft nutzt, um beispielsweise eine mangelnde Kraft auszugleichen.

Kraftzahl

Wir können bestimmte Zahlen verwenden, um uns zu stärken, schneller zu unserem Ziel zu gelangen oder um gesund zu werden. Folgendermassen: Wir nehmen unsere Geburtszahlen und ergänzen *unter der ersten Zahl* alle Zahlen, die *bis zur 9* fehlen. Beispiel: Jemand ist am *22. Dezember 1961* geboren. Wir schreiben dieses Datum numerisch auf und ergänzen darunter die fehlenden Zahlen, also:

```
2 2 1 2 1 9 6 1
3
4
5
6
7
8
```

Diese Zahlen-Kombination, in der auf Seite 167 gezeigten Anordnung, können wir uns auf die Innenseite unseres Handgelenkes schreiben. Wenn sie vom Duschen weggewaschen werden, einfach immer wieder ergänzen. Wir lassen die Zahlen erst dann allmählich verblassen, wenn wir mit der Wirkung der Zahlen zufrieden sind, wenn wir mit Erstaunen festgestellt haben, was für eine Kraft sie in unser Leben bringen.

Die heilige Heilzahl - 3396815

Gemäss magischen Quellen ist diese *siebenstellige Zahl* als die heilige Heilzahl bekannt. Sie wird überall dort eingesetzt, wo etwas wieder in die Mitte, ins Gleichgewicht gebracht werden soll, um Körper, Geist und Seele wieder in Einklang zu bringen. Diese Zahl wird dort aufgeschrieben, wo wir sie brauchen, auf eine kranke oder schmerzende Körperstelle, auf den Umschlag eines Projektordners, auf unsere Vita und natürlich kann sie in jedes Ritual zusätzlich integriert werden. Diese Zahl ist, wie man sagt, so mächtig, dass sie ganz von alleine wirkt.

Wandeln mit Zahlen: Die liegende Acht – die Lemniskate

Mit der liegenden Acht können Dinge aufgelöst werden: alte Verletzungen, Anhaftung an *(geliebte oder verhasste)* Verstorbene, festgefahrene Situationen mit Familie oder Freunden. Wichtig ist, dass wir bei diesem Vergebungs- und Ausgleichsprozess innerlich bereit sind, *loszulassen* und *zu vergeben*, den Dingen ihren natürlichen Lauf zu lassen. Es ist von höchster Wichtigkeit, sich vor solchen Ritualen von der Rächer- oder Opferrolle zu distanzieren!

Ein einfaches *Auflösungsritual* mit der Lemniskate:
Wir zeichnen die liegende Acht auf ein Blatt Papier *(oder in den Sand, wenn wir gerade am Strand sind, oder wir zeichnen die Lemniskate einfach in Gedanken in die Luft).*

In den linken Kreis stellen wir uns selbst. In das rechte Feld kommt der Mensch oder die Sache, die abgelöst werden soll. Falls wir es auf Papier zeichnen, schreiben wir die entsprechenden Namen oder die Themen in die zwei Kreise.

Nun visualisieren wir um beide Kreise eine helle *Licht-Aura* und sagen/denken zur Person/Sache im rechten Feld:

„Alles, was ich mit dir lernen durfte, gehört zu meiner Lebensgeschichte. Alles, womit ich dich jemals verletzt habe, nehme ich hiermit zurück, bitte dich um Verzeihung und wünsche dir nichts als Liebe und Glück auf deinem Weg. Ich danke dir für die Erfahrungen, die ich mit dir machen durfte - die schönen und die schmerzhaften - und achte dein Schicksal. Hiermit lasse ich dich in Frieden los."

Wir intensivieren die Licht-Aura um die beiden Kreise und bitten die Mächte des Wandels, dass nun alles transformiert werden möge. Bildlich können wir jetzt visualisieren, wie eine höhere Macht *(z.B. ein Erzengel)* mit seinem Schwert die liegende Acht mit einem Hieb durchtrennt. Damit wird alles getrennt, was nicht mehr zusammengehört. In Gedanken stellen wir uns vor, wie die Acht nun in einer violetten Flamme aufgelöst wird und die Liebe wieder ins fliessen kommt, während die Personen/Themen aufrecht und frei dastehen. Beide Parteien/Themen können ab sofort ihren eigenen Weg gehen, und sind wieder frei im Fluss des Lebens. Ohne Verflechtungen, Verpflichtungen, Wut, Angst oder Groll.

HEXENS KLEINE KRÄUTERKÜCHE

Magische Hexenkräuter gibt es unzählige. Natürlich braucht nicht jede Hexe gleich ein ganzes Kräuterstudium abzulegen: oft genügt es, ein paar Kräuter zu kennen und - indem man sie selbst immer wieder anwendet - ein gutes Gefühl für ihre Wirkung zu bekommen. Ein paar Kräuter, die jede Hexe kennen sollte:

Johanniskräuter: Der 24. Juni, der Johannistag, ist der magische Tag schlechthin, an dem wir „Johanniskräuter", wie Arnika, Eisenkraut, Kamille, Ringelblume, Butterblume *(Schöllkraut)* suchen und pflücken sollten. Man bedenke, dass Johanniskräuter die wichtigsten Ingredienzen für die magische Apotheke zu Hause sind! Das Johanniskraut ist eines der bekanntesten Heilpflanzen, da es wärmende Sonnenstrahlen in depressive Gemüter bringt und davon haben wir in der heutigen Zeit sehr viele.

Ihr Name stammt vom Johanni-Tag am 24. Juni ab, in dem diese schöne Sommerpflanze ihre Blüten öffnet und in ihrer ganzen Pracht wirkt. Wie unsere Sonne an der Sonnenwende zum Sommer. Sie nimmt am längsten Tag des Jahres so viel Wärme auf, dass sie die Natur auch in Winter-Tagen erwärmen kann. Ihre Hauptanwendung ist deshalb auch bei *Depressionen* bekannt, aber sie schwellt auch ab, wirkt antibakteriell, beruhigend, blutstillend, entzündungshemmend, harntreibend, krampflösend und schmerzstillend. Ein wahres Wunderkraut.

Beifuss: Die Pflanze Beifuss heisst auch Sonnwendgürtel, weil man zu früheren Zeiten mit dieser Pflanze als Gürtel über das Feuer sprang und den Beifussgürtel anschliessend in die Flammen warf. So „verbrannte" man mögliche Krankheiten, die einen im folgenden Jahr heimsuchen könnten. Liebende sprangen über das Feuer, um ihre Liebe zu festigen.

Basilikum: Das Basilikum wird dem Element Feuer zugordnet. Er schützt und hat reinigende Wirkung auf Mensch und Materie. Ein Basilikumtopf auf dem Fensterbrett zum Beispiel schützt das Heim vor negativen Einflüssen. Basilikum wird gerne für alle möglichen Arten von Liebeszauber verwendet. Alte Legenden besagen, dass sogar der Teufel vor diesem Kraut Respekt hätte und damit in die Schranken gewiesen werde.

Dill: Dill stärkt das wache Bewusstsein, fördert die mentale Klarheit und wirkt auch stark bei Geld- und Herzensangelegenheiten. Einen klaren Geist finden wir schon, indem wir unsere Mahlzeiten mit Dill würzen. Eine Handvoll Dillsamen, in ein warmes Vollbad gestreut, weckt erotische Gelüste.

Fenchel: Indem wir Fenchelsamen bei Vollmond in die Schlüssellöcher der Eingangstüren drücken, halten wir das Böse fern. Der Verzehr von Fenchel stärkt das Gemüt und macht unerschrocken. Zuviel davon mag so stark wirken, dass es den Rebellen in uns weckt! Wein mit Fenchelsamen bringt Schwung ins Liebesleben.

Gewürznelken: Das Nelkenöl fördert die körperliche Schönheit. Die Knospen sind ein wichtiger Bestandteil in verschiedenen Liebestränken. Auch als Duft ist Nelkenöl für Liebe und Erotik sehr beliebt.

Jasmin: Jasmin-Blüten fördern die Leidenschaft. Jasminöl findet in Liebestränken Anwendung und wird auch zum Heilen von gebrochenen Herzen eingesetzt.

Kamille: Kamille wird der Sonne zugeordnet und somit mit Glück und Glücksspiel assoziiert. Besonders gut ist die Wirkung, wenn man in Kamille-Wasser badet. Früher galt der Brauch, Babys und kleinen Kindern ein Sträusschen Kamille über das Bettchen zu hängen um sie zu beschützen. Die Milde und besänftigende Ausstrahlung der Kamille wirkt echte Wunder, wenn es darum geht, unsere Kleinen zu beruhigen.

Katzenminze: Katzenminze wirkt nicht nur auf die Katzen sondern auch auf Menschen, vor allem auf die sensibleren. Katzenminze lockt die Geister des Glücks an. Wenn wir zum Beispiel ein Blatt Katzenminze in unser Magiebuch legen, werden die Seiten magisch aufgeladen, was die Intuition und die Imagination der weisen Hexe bei Ritualen stärkt.

Koriander: Koriander unterstützt die Romantik. Sei dies der Schreibfluss in einem poetischen Liebesbrief oder das Gestalten eines romantischen Abends zu Zweit. Koriander inspiriert uns auf allen Ebenen. Er erfreut das Herz und lässt die Kreativität sprudeln.

Knoblauch: Knoblauch ist eines der vielseitigsten Gewächse. Seit Jahrhunderten ist seine heilende und magische Wirkung bekannt. Es unterstützt die Heilung von Krankheiten und schützt vor bösen Einflüssen. Zeichnet man mit einer frischen Knoblauchzehe drei Kreuze über eine Warze, verschwindet diese binnen kurzer Zeit. Knoblauchbrei lindert den Schmerz eines entzündeten Zahnes. Knoblauchöl *(zwei Tropfen laues Öl ins Ohr tropfen)* wirkt bei Ohrenentzündungen.

Kümmel: Kümmel unterstützt die Disziplin und verhilft zu einem klaren Verstand. Er hat aber auch eine Affinität zum Geld, kann den guten Umgang damit unterstützen. Haben wir zum Beispiel den Wunsch, über eine geplante Geldanlage Klarheit zu erlangen, kann Kümmel dabei unterstützen wirken. Es reicht, den Kümmel in einem Stoffsäckchen mit uns zu tragen, oder ihn als Gewürz zu geniessen.

Lorbeer: Lorbeer ist ein königliches Gewächs – man denke nur schon an den Lorbeerkranz, der das Haupt so vieler Cäsaren schmückte! Lorbeer, nahe am Haus gepflanzt, bringt Schutz vor Blitz und Donner. Unter das Kopfkissen gelegt, lässt er uns von der Zukunft träumen. Lorbeer im neuen Heim bringt Glück und Segen. Ein Kirschstein oder Milchzahn, in ein Lorbeer-Blatt gewickelt und nahe am Körper getragen, bringt persönlichen Schutz und Glück. Wenn wir eine getrocknete Feige, in ein Lorbeerblatt gewickelt, jemandem zum Geburtstag oder zu Neujahr schenken, wirkt dieser Talisman als Glücksbringer für den Beschenkten *und* den Schenkenden! Für eine Hochzeitsfeier werden sämtliche Türrahmen mit Lorbeer geschmückt, dies bringt dem Paar für viele Jahre Glück in der Ehe. Brechen wir einen Lorbeerzweig in zwei und schenken ihn dem oder der Geliebten verspricht dies Treue und Glück.
Rheumaschmerzen: eine Handvoll Lorbeerblätter im Badewasser lindert Schmerzen. Lorbeer, Rosenblüten, Kamillenblüten und Rosmarin kurz in kochendem Wasser aufgebrüht und dem Badewasser beigemischt bringt Entspannung und gute Laune.

Lavendel: Lavendel verleiht Schutz vor unerwünschten Einflüssen, andererseits stärkt er die Vorstellungskraft und die innere Klarheit. Er eignet sich für Reinigungsrituale jeglicher Art.

Löwenzahn: Der Löwenzahn fördert die Hellsichtigkeit und eignet sich zum Herbeirufen von helfenden Geistern. Weil sich Löwenzahn in der Natur ohne grossen Aufwand schnell und erfolgreich vermehrt und mit seinen sonnengelben Blüten und saftig grünen Blättern in den Farben von Wohlstand und Reichtum erstrahlt, bedienen wir uns seiner gerne für finanzielle und materielle Rituale.

Majoran: Majoran ist ein sehr bodenständiges Kraut, das wir gerne anwenden, wenn wir klare, seriöse Geschäfte anstreben, etwas auf solidem Boden aufbauen möchten. Majoran, bei Vollmond über die Türschwelle ausgestreut, hält alles Böse fern.

Muskat: Muskat fördert Treue und Beständigkeit. Der Duft alleine genügt: z.B. als Duftsäckchen unter dem Kopfkissen oder auf dem Schreibtisch.

Klee: Klee steht für Glück und Treue. Wohlbekannt ist das vierblätterige Kleeblatt als Botschafter des Glücks.

Magnolien: Magnolienblätter fördern die Liebe. Magnolienblätter unter der *„ehelichen"* respektive gemeinsamen Matratze hält die Liebe über lange Zeit warm und liebevoll.

Oregano: Oregano dient der Abwehr von bösen Geistern und Mächten; als Räucherwerk, so munkelt man, vertreibe er gar Dämonen. Oregano vertreibt auch Kummer und wird daher auch *Wohlgemut* genannt. Zudem hilft er, aufgebrachte Gemüter zu besänftigen und den Verstand zu klären.

Orangen: Orangenbaumblätter in einer Schale auf den Nachttisch gelegt, fördern die Erotik.

Petersilie: Petersilie, häufig vergessen oder übersehen, ist ein erstaunlich vielseitiges Kraut. Verbrennt man die Petersilie rituell und atmet dabei ihren Duft ein, unterstützt dies die Kommunikation mit den Geistern der Ahnen und mit Verstorbenen. Petersilie kann als Kranz auf dem Kopf getragen werden und bringt Harmonie in unser Denken - soweit, dass sie uns vor übereilten Entscheidungen schützen kann. Petersilie dient zudem als Abwehr gegen jede Art von Rausch. Bei Gewitter gepflückt, wirkt Petersilie in ihrer Wirkung generell am stärksten. Petersilie hilft gegen Mundgeruch. Des Weiteren steigert sie die Fruchtbarkeit und die Zeugungskraft. Wenn ein frisch vermähltes Paar gemeinsam Petersilie sät, wird der Kindersegen reich sein.

Pfefferminze: Pfefferminze klärt und reinigt. Sie fördert auf allen Ebenen gute und befriedigende Geschäfte.

Rosmarin: Rosmarin wird als Kraut geräuchert oder in Form von Öl angewendet. So entfaltet sich die energetisch reinigende Kraft der Pflanze. Rosmarin wirkt frisch und belebend, gibt uns einen klaren Kopf. Das Gehirn wird angeregt und geistige Arbeit gelingt wie von selbst. Übergiesst man frische Rosmarinblätter mit gutem, trockenem Weisswein, ergibt das ein erfrischendes Getränk, das auf jeden Fall die Lebensgeister weckt. Schenkt man seinen Hochzeitsgästen mit Goldband zusammengebundene Bündel von Rosmarin, bringt ihnen dies Glück.

Anti-Aging: Wenn wir uns jeden Abend mit einem Absud von Rosmarin und Weisswein das Gesicht waschen, wirkt dies binnen weniger Wochen straffend und verjüngend. Rosmarinöl, täglich in die Kopfhaut massiert, hilft gegen Haarausfall.

Schnittlauch: Schnittlauchblumen, ans Fenster gehängt, halten Unglück fern. Wer im Frühling, vor allem um die Osterzeit, Schnittlauch isst, bleibt das Jahr über gesund, sagt ein Sprichwort. Früher bauten Mönche Schnittlauch in ihren Klostergärten an um *(böse)* Hexen und schwarze Magie fernzuhalten.

Sternanis: Sternanis können wir in unsere Kissenbezüge legen, um negative Energien und Alpträume abzuwehren. Diese Pflanze fördert die psychische Entwicklung. Gerne wird Sternanis bei Meditationen und Schutzritualen eingesetzt, in dem die Samen im Feuer geröstet werden. Als Getränk *(z.B. Anis-Tee)* aktiviert es die Verbindung zur geistigen Welt.

Salbei: Die schützende und reinigende Wirkung von Salbei entfaltet sich besonders beim Räuchern. Wir bedienen uns der Pflanze, um unser Heim rituell zu reinigen, z.B., wenn viel Besuch da war oder „dicke Luft" herrscht. Als Gewürz angewendet, fördert es einen klaren Geist. Der Genuss von Salbei im Mai verspricht ein langes Leben. Wenn wir ein Salbeiblatt zerkauen, reinigt *(heilt)* dies nicht nur unseren Hals, sondern gleichzeitig auch die Worte, die aus unserem Mund kommen.

Thymian: Thymian fördert Mut und Tapferkeit. Eine starke Wirkung zeigt sich beim Räuchern, aber auch beim Genuss eines Thymian-Vollbads. Ängste verschwinden, der Mut wächst, denn wir fühlen die schützende Energie des Thymians.

Zitronenmelisse: Die Zitronenmelisse verwenden wir in der Regel für Heilrituale. Als Tee, Badezusatz, Räucherkraut oder ätherisches Öl unterstützt sie körperliche und seelische Heilungsprozesse. Aufs Herz gebundene Melissenblätter heilen Liebeskummer. Zitronenmelisse unterstützt das Erinnerungsvermögen. Der Genuss von Melissentee oder Melissenwein lässt magische Rituale klarer erleben, erhöht die Sensibilität.

Zimt: Zimt ist ein natürliches Aphrodisiakum, das gerne zur Steigerung sexueller Lust und Leidenschaft verwendet wird.

Reinigungsrituale

Reinigung mit Meersalz
Zwei Mal die Woche im Meersalz baden vertreibt gespeicherte negative Energien.

Essig
Beim Wohnungsputz einen Schuss Essig ins Waschwasser geben. Dies neutralisiert schlechte Energien. Auch Möbel wie Ledersofas, Tische und Stühle können sehr gut damit entstaubt und gereinigt werden. Danach kann die Wohnung mit Salbei ausgeräuchert werden, in dem wir mit der Räucherware vom Eingang beginnend, rechts die Wohnung umgehend räuchern. Ein darauf folgender Luft-Durchzug, um alle Energie frei zu geben, reinigt bis aufs Gründlichste.

Rosmarin
Ein Bündel Rosmarin, in der Küche aufgehängt, nimmt schlechte Energien auf und bindet sie. Zum Vollen Mond wird das Bündel im offenen Feuer verbrannt und durch ein frisches ersetzt.

Das „Besen-Ritual"
Dieses Ritual ist vor allem vor dem Einzug in ein neues Heim empfehlenswert. Man nehme einen Reisbesen *(normale Besen sind auch in Ordnung)* und beginne, in der hintersten Ecke des neuen Heims gründlich in Richtung Haustür allen Schmutz hinauszufegen - egal, ob dieser sichtbar oder unsichtbar ist! Danach sollten wir gut durchlüften und die Wohnung *(oder das Haus)* mit Salbei oder Weihrauch ausräuchern.

Wir streuen dann Salz auf unsere Wohnungsschwelle und zeichnen mit einer Mischung von Salbei- und Rosmarinöl folgende Schutzsymbole vor den Eingang!

Nota bene: *Schutzsymbole wirken am besten, wenn sie von Hand gezeichnet werden!*

Spiegel-Schutzamulett
Kleine Spiegelchen, an jedes Fenster der Wohnung oder des Hauses gehängt, halten „ungezielte" schlechte Energien fern.

Rasselreinigungsritual *(Glockenreinigungsritual)*
Wir benötigen dazu:

- *Eine feuerfeste Schale*
- *Ein Stück Kohle*
- *Getrocknete Salbeiblätter*
- *Eine laute Rassel oder Glocke*
- *Eine Handvoll Salz*

Wir schliessen alle Fenster und legen die Salbeiblätter auf die brennende Kohle in die feuerfeste Schale. Wir tragen die rauchende Schale in der linken Hand, die Rassel *(bzw. die Glocke)* in der rechten. Damit begehen wir jedes Zimmer, gehen stets den Wänden entlang. In jeder Ecke halten wir einen Moment inne, konzentrieren uns auf die negativen Energien, die hinaus sollen, und drehen dann die Rassel *(oder schwingen die*

Glocke) so laut wie möglich. *(In gewissen Wohnungen lohnt es sich, zuvor die Nachbarn zu warnen…).* Sobald alle Zimmer auf diese Art gereinigt sind, öffnen wir alle Fenster und lüften eine halbe Stunde lang, während wir das Salz vor unsere Haustür streuen.

Persönliche Reinigung
Wir benötigen dazu:

- *Eine Fotografie der Person, die gereinigt werden soll*
- *Ein Stück Kohle*
- *Drei weisse Teekerzen*
- *Salbei*
- *Eine feuerfeste Schale*
- *Meersalz*

Wir begeben uns in den Schutzkreis und rufen die vier Elemente auf, uns zu unterstützen. In diesem Schutz öffnen wir in unserer Wohnung alle Türen aller Schränke sowie alle Schubladen. Die Fenster bleiben vorerst geschlossen. Nun zünden wir die drei Kerzen auf unserem Altar an und bitten die höheren Mächte, die zu reinigende Person zu beschützen. Wir legen den Salbei auf die brennende Kohle in die Schale. Mit der Schale in der linken Hand, das Bild in der rechten begehen wir die Wohnung *(das Haus)*, vom Eingang her, *im Uhrzeigersinn*, gehen dabei stets den Wänden entlang.

Auch Dachboden und Keller sollten mit einbezogen werden. Danach legen wir das Foto neben die Kerze auf den Altar und lassen die Kerze ausbrennen. Es ist wichtig, die Flamme nicht auszublasen, sondern die Kerze ganz niederbrennen zu lassen.

Wir bedanken uns bei den schützenden Kräften und schliessen alle Schranktüren und Schubladen. Jetzt öffnen wir alle Türen und Fenster, damit alle negative Energie hinaus gelangen kann. In Gedanken begleiten wir das Abziehen der negativen Energien und schliessen das Ritual ab, in dem wir auf Türschwelle und Fensterbänke – alles was nach aussen führt - etwas Meersalz streuen.

Reinigen von Gegenständen
Wir zünden Salbei an und räuchern den gewählten Gegenstand von allen Seiten gut ab. Dabei stellen wir uns vor, wie sich mit dem aufsteigenden Rauch die alten, unerwünschten Energien auflösen. Zum Schluss wischen wir den Gegenstand mit einem feuchten Tuch ab, nachdem wir dem Waschwasser etwas Salbei- oder Rosenöl zugefügt haben.

Farben & Reinigung
Auch Farben haben ihre Energie und spezifische Wirkung natürlich auch, wenn es um Reinigungen z.B. von schlechten Stimmungen geht. Eine kurze Übersicht, welche Farbe bei welcher „*Missstimmung*" eingesetzt werden kann:

Blau: Aggression, Krankheit
Grün: Geiz, Stagnation
Gelb: Trübsinn und schlechte Laune
Gold: Unglücksphase, Lustlosigkeit
Silber: Fanatismus
Rot: Körperschlaffheit
Orange: Einsamkeit und Müdigkeit
Rosa: Lieblosigkeit, Zweifel
Violette: Sturheit und Blockaden

Die Energie der Finger

Ringe an deinen Fingern unterstreichen die jeweiligen Qualitäten, die der besagte Finger gemäss der *Chirologie (der Kunst des Handlesens)* in sich trägt. Ringe können daher einerseits bei eher kurzen Fingern als Ausgleich eines *„Defizits"* getragen werden, andererseits auch zur Stärkung oder Betonung einer Eigenschaft, die uns besonders am Herzen liegt.

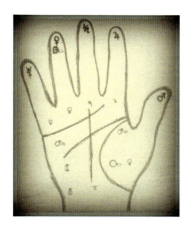

Daumen

Der Daumen wird dem Planeten *Mars* zugeordnet und damit dem Durchsetzungsvermögen. Die Kraft der Durchsetzung zeigt sich in der Länge und Stärke des Daumens. Legen wir den Daumen an den Zeigefinger, nehmen wir die Mitte des untersten Zeigefingergliedes als Referenzmarke. Wenn die Daumenspitze über diese Mitte hinausgeht, ist die Durchsetzung stark; ist der Daumen kürzer, zeugt dies von einem eher schwachen Mars, mangelndem Durchsetzungsvermögen. Ein Ring am Daumen könnte hier hilfreich sein.

Zeigefinger

Der Zeigefinger gehört zum Planeten *Jupiter*, zum Thema Wissen und Zielorientiertheit. Wenn die Spitze des Zeigefingers bis zur Mitte des Nagels des Mittelfingers reicht, hat man einen starken Jupitereinfluss, viel Glück im Leben. Ist der Finger kürzer, handelt es sich eher um Glück im Hintergrund, um einen schwachen Jupitereinfluss. Auch hier kann ein Goldring *(Edelmetall der Sonne)* stark unterstützend wirken.

Mittelfinger

Der *Saturnfinger* steht für Strenge und Ordnung. Dieser Finger sollte in der Regel der längste Finger an der Hand sein. Er zeigt unser Verantwortungsbewusstsein auf. Ist er auffallend lang, schwer oder breit, weist dies auf zu viel Strenge sich selber gegenüber hin. Das Leben wird zu ernst genommen. Mit einem Silberring *(Edelmetall der Kraft des Mondes)* kann man dieser Strenge mehr Weiblichkeit und Wärme verleihen.

Ringfinger

Der Sonnefinger gehört zur *Sonne (Apollo)* und *Venus*. Ein starker Ringfinger zeugt von starker Ausstrahlung, von Charisma und Kreativität. Auch dieser kann mit kreativem Schmuck verstärkt werden.

Kleiner Finger

Der kleine Finger wird *Merkur* zugeordnet, dem Götterboten, dem Gott des schnellen Verstandes und der Kommunikation. Je länger und schlanker dieser kleine Finger ist, desto mehr weist er auf eine gute Rhetorik hin. Der Träger dieses Fingers kann sich gut in Wort und Schrift ausdrücken. Ist der Finger sehr tief angesetzt, ist er in Beziehungsangelegenheiten sehr kindlich. Ist der Finger eher fleischig und dick, ist der Träger eher bequem und materiell eingestellt. Wendet er sich an der Spitze eher von der Hand ab, schweift der Träger gerne ab, neigt er eher zur Hand, bleibt er eher kritisch im Detail. Ein Ring an diesem Finger *(oder das Massieren desselben)* fördert daher Redekunst, Kommunikation und schnelles Denken.

KRAFTTIERE

Krafttiere haben in vielen Kulturen seit Urzeiten ihren Platz. Nicht nur Hexen kennen Krafttiere, sondern schon die Kelten, die alten Germanen und Schamanen wussten um ihren besonderen Wert. In unserer westlichen Welt kennen wir Krafttiere vorwiegend von den Indianern, den ursprünglichen Bewohnern Amerikas, die in oft langen, qualvollen Inititationsritualen ihr persönliches Krafttier finden mussten. Krafttiere sind unsichtbare Begleiter, die uns auf unserem Lebensweg und in schwierigen Situationen unterstützen. Auch die heutigen Schamanen arbeiten sehr intensiv mit Krafttieren, die auch Totemtiere genannt werden. Krafttiere finden wir in unseren Träumen, in Meditationen oder spüren sie in unserer Kindheit als Lieblingstier. Das kann sich dadurch zeigen, dass man bestimmte Tiere *(Enten, Eulen, Schlangen, Bären, Adler)* sammelt oder einfach eine starke Anziehung zu ihnen empfindet, ohne genau zu wissen warum. Bei den *Schamanen* sind dies deutliche Zeichen, die uns zu unserem persönlichen Krafttier führen. Bei gewissen Indianerstämmen gingen junge Krieger während Tagen auf einen Berggipfel, um dort zu meditieren. Dabei verzichteten sie oftmals auf Nahrung und sogar auf Wasser, obwohl sie in der prallen Sonne standen. So kamen sie in einen mehr oder minder tiefen Trancezustand, ja, gar ins Delirium, in welchem sie ihr eigenes *„Totem"* (Krafttier) erkannten. Die Eigenschaft des persönlichen Krafttiers ergänzt oder fördert unsere eigenen Stärken. Hier einige Beispiele:

Der Adler ist der König der Lüfte, das Symbol der Freiheit und des geistigen Prinzips. Mit seinem *„Adlerblick"* erkennt er alles schon von weitem, mit scharfem Blick und Sinn.

Die Ameise ist das Symbol für Fleiss, Geduld & Durchhaltevermögen.
Der Bär steht für die Kraft, die Ruhe und Ausdauer.
Die Biene ist das Symbol für unermüdlichen Fleiss.
Das Einhorn ist das Symbol für Reinheit, Weisheit und Spiritualität.
Der Fuchs vertritt Qualitäten wie Schlauheit und Gerissenheit.
Der Hase ist Symbol für Wendigkeit, Sanftmut, Zurückgezogenheit, manchmal auch für die bedingungslose Liebe.
Der Käfer gilt als ein Glückssymbol, vor allem, wenn es sich um einen Skarabäus handelt.
Die Katze steht für Unabhängigkeit und Geschmeidigkeit. Sie sucht sich selber aus, wer zu ihr gehört. Sie ist äusserst sensitiv, weshalb sie oft bei Hexen anzutreffen ist.
Die Kuh symbolisiert Gelassenheit, Sanftheit und Fruchtbarkeit. Sie ist liebevoll und sanft.
Der Pfau verkörpert die Schönheit, das Ego und Selbstbewusstsein.
Die Schlange, auch Kundalini genannt, weist auf Wandlung, Heilung und Sexualität hin.
Der Schmetterling symbolisiert die Transformation, die Leichtigkeit; den Traum, den man erst erreicht, wenn man ihn loslässt.
Die Schnecke steht für die Geduld und für die Konzentration auf das Wesentliche, auf das Hier und Jetzt.
Die Taube ist allseits bekannt als ein Symbol des Friedens.
Der Tiger ist das lebende Symbol für Kraft, Mut, Schnelligkeit und Begeisterung.

Sobald man sein *persönliches Krafttier* gefunden hat, ist es sinnvoll, sich zwischendurch in selbiges hineinzuversetzen und seine individuellen Qualitäten mit Leib und Seele zu fühlen. So verbinden wir uns direkt mit jenen Qualitäten und Kräften und machen sie uns zunutze.

ZEICHENRITUALE

Zeichenritual = Strichcode nach Körbler

Erich Körbler, der mittlerweile leider schon verstorben ist, nannte diese Methode des Heilens mit Zeichen *„die neue Homöopathie".* Es handelt sich dabei um eine rituelle Körperbemalung, welche auch Hexen seit jeher anwenden. Da sich auch die moderne Hexe immer wieder *a jour* hält, sind auch bei Hexens *Körperbemalungen* einige neue Symbole hinzugekommen. Diese nachvollziehbare und leicht anwendbare Methode hat sich sehr verbreitet und wie bei allen Methoden hat sich eine Art *Schnellverfahren (Schnellritual)* entwickelt. Mit bestimmten Symbolen/Heilzeichen, die an der richtigen Stelle des Körpers angebracht werden, können wir Veränderungen im Energiefluss - und somit schnelle Heilung erreichen. Hier einige der meistangewendeten Zeichen dieser Heil-Methode:

Strich-Code
Den Strich Code verwenden wir gegen *Schmerzen,* die meist von irgendwelchen Blockaden verursacht werden. Über die blockierte oder über die schmerzhafte Stelle zeichnen wir mit einem Kugelschreiber zwei bis fünf Striche und können so, mit dem richtigen Heilgedanken, 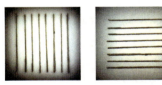 oder mit den richtigen Worten dazu, diese Schmerzen auflösen. Wie viele Striche und ob sie waagrecht oder senkrecht verlaufen sollen, können wir mit unserem Pendel ermitteln. *(Pendeln: siehe Buch „Rituale im Alltag").*

Die Sinuskurve

Das Sinus-Zeichen löscht und verwandelt, wenn man es auf gezielte Stellen zeichnet, schädliche Muster, Schmerzen, Programme und belastende Energien und Frequenzen. Bei Schmerzen malen wir das Sinus-Zeichen auf die entsprechenden Körperstellen. Die Schmerzen verschwinden in der Regel innert wenigen Minuten. Mit einem oder zwei Strichen vor und hinter dem Zeichen verstärken wir die Wirkung zusätzlich. Dies funktioniert nicht nur am menschlichen Körper, sondern auch bei Sachen. Wir können die Sinuskurve beim Eingang eines Heims platzieren, wenn wir es von Wasseradern, Erdstrahlen oder Elektrosmog schützen möchten.

Das keltische Kreuz

Das keltische Kreuz *(auch Hochkreuz oder Irisches Kreuz)* ist ein Element der frühmittelalterlichen und mittelalterlichen sakralen Kunst im keltischen Kulturraum der britischen Inseln und Irlands. Es wird zur Wohnraum-Entstörung benutzt. Ist es nicht möglich, eine *Störung* durch das Verschieben des Schlafplatzes zu beseitigen, dann malen wir das Kreuz auf ein Blatt Papier und legen diese Zeichnung direkt unter das Leintuch, die Matratze oder unter das Bett auf den Boden.

Das Sonnensymbol

Das Sonnensymbol wirkt harmonisierend und stärkend. Es wirkt ausgleichend und wird geschätzt bei *hormonellen Störungen* und Regelschmerzen. Wir malen das Zeichen auf

beide *Handgelenke* und spüren sehr schnell eine Wirkung. Auch bei Energiemangel wird dieses Symbol gerne eingesetzt. Wir malen unser Sonnen-Symbol auf einen Zettel und schauen dieses Symbol in Ruhe für einige Minuten an. Die Wirkung ist erstaunlich!

Das Ypsilon
Das Ypsilon verstärkt alles Positive. Dieses Zeichen können wir mit unserem Körper selber darstellen, indem wir die Arme hochheben und mit unserem Körper ein Ypsilon bilden. Negative Frequenzen werden damit sehr schnell in positive und gute Frequenzen in noch bessere gewandelt bzw. verstärkt. Wichtig ist bei dieser Methode, dass wir die Symbole, jeweils unmittelbar, wenn der Schmerz verschwunden ist, entfernen. Manchmal bleiben wir an Menschen oder Dingen hängen, die uns ständig in negativen Gedanken verfolgen - sei dies nach einer Enttäuschung, einem Verlust, einer *(emotionalen)* Verletzung oder einem Angsterlebnis. Hier hilft dieses Y-Zeichen!

Folgendes Zeichensymbol-Ritual ermöglicht auch Korrekturvorgänge in der Geisteshaltung des Betroffenen. Mit einem oder mehreren Symbole in der richtigen Kombination und unserem magischen Zauberspruch, können solche Gefühle verblüffend schnell aufgelöst werden. In kürzester Zeit können quälende Gedanken und Sorgen losgelassen und die innere Ruhe wiederhergestellt werden.

Ein Beispiel:
Wir zeichnen ein entsprechendes Symbol, also zum Beispiel das Sinus-Zeichen, auf ein Blatt Papier, oder aber direkt an einem gut sichtbaren Ort auf unsere Haut. Mit zwei Strichen neben dem Symbol dazugezeichnet, können wir die Wirkung des Symbols jederzeit *verstärken*. Dann sprechen wir laut und deutlich folgenden Satz:

„*Strich - Strich - Sinus,*
hiermit lösche ich alle schädlichen Muster und Programme,
alle negativen Glaubenssätze und alles,
was mein inneres Gleichgewicht stört.
Strich - Strich - Sinus, alles ist gelöscht.
So sei es!"

In der gleichen Weise können wir eine vielleicht erst neu zurückgewonnene Kraft mit *einem (oder noch verstärkt mit zwei)* Ypsilon Zeichen intensivieren. Auch hier sprechen wir *laut und deutlich*:

„*Ypsilon – Ypsilon,*
verstärke Mut und Kraft.
Ypsilon – Ypsilon,
alles ist nun zu 100 % korrigiert.
So sei es!"

Man staune!

Diese Symbole können auch jederzeit bei Schmerzen und bei Krankheiten direkt angewendet werden, indem man sie auf die Stelle zeichnet, wo der Schmerz ist und aufgelöst werden soll.

Zwei Beispiele

Bei *Insektenstichen* zeichnen wir ein Strich-Strich-Sinus Symbol direkt auf den Einstichort. Oft lässt das unangenehme Jucken und auch die Schwellungen binnen Minuten nach. Bei *Halsschmerzen* können wir eine Sinuskurve direkt auf den Kehlkopf zeichnen, was ebenfalls oft Wunder wirkt.

Schlusswort

In diesem Buch haben wir viele Rituale kennengelernt, magische (Hexen-)Tricks und Kniffe, um das eigene Leben in die gewünschten Bahnen zu leiten. Dabei sollten wir aber nicht vergessen, dass es nicht immer darum geht, alles in die *eigene Hand* zu nehmen, alles zu kontrollieren. Oftmals geht es auch darum, sich von der Natur und den unsichtbaren Kräften vertrauensvoll *leiten zu lassen*. Je achtsamer wir hinhören, desto besser verstehen wir die Botschaften jener Kräfte, die uns führen und begleiten. Je weniger wir hinhören, desto eher wird uns die Stimme des Egos von *„Pontius zu Pilatus"* jagen, bis wir atemlos stehenbleiben und fragen, was der *Sinn* des Lebens ist.

Es ist stets die Angst, die in uns das Verlangen nach Kontrolle weckt. Die Angst jedoch gehört zum Ego und ist damit der Gegenpol zum Vertrauen. Packen wir also in Gelassenheit jene Dinge an, die wir ändern können, und vertrauen darauf, dass jene Dinge, die wir nicht ändern können, momentan zu uns gehören, uns etwas beibringen - und sei es auch nur die Gleichmut und Geduld, sie zu ertragen. Nicht umsonst gilt das geflügelte Wort:

> *„Wenn du den lieben Gott zum Lachen bringen willst, erzähle ihm von deinen Plänen!"*

Geben wir also auch dem sogenannten *„Zufall"* den Platz, der ihm gebührt. Das Gesetz liegt im Wort: *Zu-Fall*. Es fällt uns stets das zu, was gerade fällig ist. Gleiches gilt für das Schicksal: es wird uns immer das geschickt, was wir *„brauchen"*, ob uns dies lieb ist oder nicht!

Die Kunst des Lebens besteht darin, die richtige Mischung von Selbstbestimmung und vertrauensvoller Akzeptanz zu finden.

„Schicksal ist, wenn man etwas findet, was man nie gesucht hat - nur um festzustellen, dass man nie etwas anderes wollte."

In diesem Sinne wünsche ich Euch allen Weisheit, Magie und ganz viel Spass auf dem Weg des Lebens!

Tiziana Della Tommasa

Weitere Bücher von Tiziana Della Tommasa sind in allen Buchhandlungen oder bei Amazon erhältlich. Oder direkt unter: www.astro-tiziana.ch

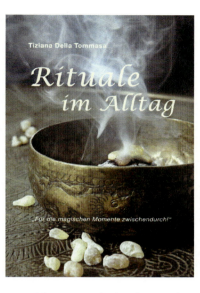

RITUALE IM ALLTAG
2. Auflage 2011

DIREKTBEZUG BEI:

Tiziana Della Tommasa
www.astro-tiziana.ch
t.tiziana@bluewin.ch

Unzählige Rituale begleiten den Menschen vom Morgen bis zum Abend, von der Geburt bis zum Tod. In unserer sehr rationalen Zeit sind solche definierten Handlungsabläufe wieder gefragter denn je, weil sie dem Leben Leitplanken verleihen.

Die moderne Quantenphysik ist der Ansicht, dass alles Energie ist, somit auch unsere Gedanken. Mit unseren Gedanken erschaffen wir also unsere Welt, unsere Realität. Um unsere Gedankenenergie zu bündeln, gibt es verschiedene Techniken. Diese sind wichtig, damit Ihre Gedankenkraft nicht durch tausend „unnütze" Gedanken verpufft, sondern konstruktiv genutzt wird. Zu diesen Techniken gehören auch Rituale. Wie diese im Alltag integriert werden können, wird in diesem Buch einfach und praktisch beschrieben.

Tiziana Della Tommasa, Astrologin, Lebensberaterin und eine bekannte Fernsehmoderatorin, vermittelt in diesem Werk auf einfache und rasch erlernbare Weise, wie wir Rituale in unserem eigenen Alltag anwenden und in unser Leben integrieren können.

Von STERNEN & VORSCHRIFTEN

Direktbezug bei:

Tiziana Della Tommasa
www.astro-tiziana.ch
t.tiziana@bluewin.ch

Das menschliche Leben ist eine Gratwanderung zwischen Gefühl und Gegebenheiten. Wir werden unter bestimmten Konstellationen geboren: die Sterne, die bei unserer Geburt am Firmament stehen, prägen unseren Charakter und unseren Lebensweg genauso wie unser Geburtsland, dessen Menschen und Gesetze.

Einige unserer Charaktereigenschaften sind dafür da, entwickelt und verfeinert zu werden, während es gilt, andere Eigenschaften loszulassen. Ähnlich verhält es sich mit Gesetzen und Vorschriften: bei einigen davon geht es darum, sie als Schutz oder Leitplanke zu benutzen und zu respektieren – andere hingegen widerspiegeln uns Einschränkungen, die es zu überwinden, starre Strukturen, die es zu sprengen gilt.

Von Sternen und Vorschriften ist ein locker geschriebener Leitfaden, in dem verschiedene Aspekte des menschlichen Lebens beleuchtet werden: aus der Sicht der Astrologie und Spiritualität, wie auch aus dem Blickwinkel unseres „normalen Lebens" in der Gesellschaft mit all deren Vorschriften und Regeln.

„Eine vergnügliche Art, sich ein Stück Lebensweisheit anzueignen."

TAROT

DIREKTBEZUG BEI:

Tiziana Della Tommasa
www.astro-tiziana.ch
t.tiziana@bluewin.ch

Obwohl das Tarot im Gegensatz zur Astrologie nicht auf eine 5000-jährige Geschichte zurückblicken kann, übt es auf den Menschen von allen Orakeln und Kartenspielen die wohl stärkste Faszination aus.

Der Grund, warum das Tarot-Spiel die letzten vier Jahrhunderte nicht nur überdauerte, sondern sogar immer populärer wurde, liegt wohl nicht zuletzt in der Tatsache, dass das Tarot mit seiner archaischen Symbolsprache den Menschen und seine Geschichte auf kaum übertreffbare Art und Weise beschreibt. Die menschliche Sprache ist beschränkt, und tiefere Sinngehalte können durch die Sprache der Symbole auf viel profundere und ganzheitlichere Weise übermittelt werden. Dies ist der Sinn des Tarot.

Das Tarot-Spiel eignet sich auch als hervorragende Ergänzung zur Astrologie, um das „Gebot der Stunde" zu erfassen und die Tendenzen des Moments zu beschreiben. Das Tarot hilft uns, die Kräfte dieser Tendenzen zu nutzen und zu respektieren, anstatt sie zu bekämpfen.

Die Tarot-Karten können uns auf unserem Lebensweg eine nicht zu unterschätzende Hilfe sein.

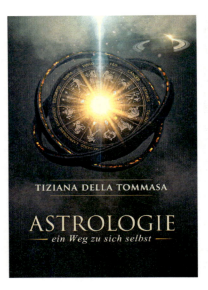

ASTROLOGIE BAND **1**
Ein Weg zu sich selbst

DIREKTBEZUG BEI:

Tiziana Della Tommasa
www.astro-tiziana.ch
t.tiziana@bluewin.ch

Astrologie ist eine Lebensschule für jedermann. Sie hilft uns selbst zu erkennen, schwierige Situationen im Leben zu verstehen und besser zu meistern. Durch das Auge der Astrologie sehen wir uns, unsere Mitmenschen und unsere Lebenssituation in einem neuen Licht. Uns wird bewusst, wo unsere Stärken, Schwächen und Aufgaben liegen, was uns schliesslich zum roten Faden unseres Lebens führt.

„Astrologie – Ein Weg zu sich selbst" eignet sich gleichermassen als Basis-Ausbildung für Menschen, die sich „auf den Weg machen wollen", wie auch als Nachschlagewerk für erfahrene Astrologen.

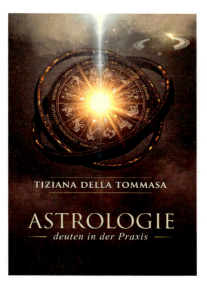

***ASTROLOGIE** BAND 2*
Deuten in der Praxis

DIREKTBEZUG BEI:

Tiziana Della Tommasa
www.astro-tiziana.ch
t.tiziana@bluewin.ch

Astrologie ist eine Lebensschule für jedermann. Sie hilft uns selbst zu erkennen, schwierige Situationen im Leben zu verstehen und besser zu meistern. Durch das Auge der Astrologie sehen wir uns, unsere Mitmenschen und unsere Lebenssituation in einem neuen Licht. Uns wird bewusst, wo unsere Stärken, Schwächen und Aufgaben liegen, was uns schliesslich zum roten Faden unseres Lebens führt.

Im zweiten Band „Deuten in der Praxis" beschreibt die Autorin, wie die Zusammenhänge zwischen Sternzeichen, Häusern und Planeten gedeutet werden und was diese in der Kombination nach Aussen ausdrücken.